Das andere
KUHBUCH
VIERZIG RASSEPORTRÄTS UND MEHR ...
von Michael Brackmann

Für Sarah, Lena, Frische, Lerche, Goldfee, Virginia
und die vielen anderen ihrer Art, die mich gelehrt haben zu respektieren,
dass ein Rindvieh ein Rindvieh ist ohne ein Rindvieh zu sein.

Illustrationen
Aumund, Christiane: alle Karikaturen
Forman, Brigitte: S. 9, 17, 18, 22, 29, 33, 36, 39, 42, 49, 68, 72, 75, 79, 83, 94, 101, 104, 107, 111, 114, 118, 125, 129, 133, 137, 140, 143, 146, 153, 156, 166, 170
Kaiser-Atcherley, Jutta: S. 4/5, 8, 12, 14/15, 21, 24, 45, 53, 56, 60, 64, 86, 90, 97, 121, 149, 159,162,169

Lektorat: Hiltraud Krause, Hannover
Grafik, Layout und Titelgestaltung: Martin Atcherley, Ostercappeln
Gesamtherstellung: Landbuch-Verlag GmbH, Hannover
ISBN 3 7842 0575 5

Das andere

KUHBUCH

VIERZIG RASSEPORTRÄTS UND MEHR …

von Michael Brackmann

Inhalt

In eigener Sache

RÜPEL RAUS

BLÖDE KUH, albernes Kalb, dämlicher Ochse oder nur kurz und prägnant „Du Rindvieh" sind unsere sprachlichen Anlehnungen an die Gattung Bos taurus, die Rinderartigen. Ist das etwa alles, was uns einfällt zu der Spezies, dem der Homo sapiens in seiner Geschichte so viel verdankt? Ist es Ausdruck unserer Einstellung und unseres Verhältnisses zu dem Tier, das uns schon so lange Nahrung, Kleidung, Wärme und Kraft zur Verfügung gestellt hat, kurzum uns nützlich war und ist? Vielleicht ist uns die Kuh als Haus- und Nutztier so selbstverständlich geworden, dass wir gar nicht mehr darüber nachsinnen, wie viel Intelligenz, Kreativität und genialer Einfallsreichtum, nicht zu vergessen wie viel Mühe und Fleiß dazu gehörten, um aus dem urigen Auerochsen an die 600 Rinderrassen zu entwickeln, die heute zu erstaunlichen, fast unglaublichen Leistungen fähig sind.

Solche Ignoranz und Missachtung müssen jeden stören und ärgern, der sich wie ich nicht nur beruflich als „Kuhmann" sieht. Die Bezeichnung „Cowboy" ist leider schon anders belegt und für meine Altersgruppe nicht mehr ganz passend. Ich mag Kühe! Was nicht allein bedeutet, dass ich gerne Milch trinke, mit großem Appetit ein Steak verzehre und bevorzugt Lederhosen trage, sondern dass ich die Rindviecher als bedeutende Mitgeschöpfe schätze. Inzwischen bin ich fest davon überzeugt, dass nicht so sehr die Erfindung des Rades, wie landläufig und sprichwörtlich angenommen, den Homo sapiens zu Hochkulturen befähigte, sondern dass dies die Domestikation des Rindes war. Dabei ist es einerlei, wann und wo immer sie auch stattgefunden haben mag. Neben solch akademischer Zuneigung gehören zum Mögen ganz sinnliche Eindrücke.

Ich genieße es, wenn ein Kalb an meinen Fingern saugt, auch wenn die Hand nachher vom Speichel trieft und der Oberschenkel blaue Flecken von den knuffigen Milchstößen davonträgt. Eine friedlich auf der Weide ruhende Milchviehherde, die sich gleichmäßig wiederkäuend auf die nächste Melkzeit vorbereitet, vermittelt mir ein Gefühl von sozialer Ausgeglichenheit, wohl wissend, dass jede einzelne Kuh einen individuellen Charakter hat und recht ungehalten werden kann, wenn etwas nicht nach ihrem Sinne läuft. Aufmerksame Mutterkühe, die ihre Nachkommen nach fetzigem Spiel im Kälbergarten mit einem ordentlichen Schluck Milch stärken, aber niemals ohne vorher deren Identität mit der ewig feuchten Nase kontrolliert zu haben, deuten mir eine seltene biologische Harmonie an. Staunend sehe ich die Ausdauer und Stetigkeit, mit der Ochsen sich gleichmütig vor Pflug und Wagen ins Zeug legen, und ich bedaure dann, dass man diese Urkraft fast nie mehr bei uns und nur noch selten woanders erleben kann. An Bullen bewundere ich die athletische Figur mit den enormen Muskelmassen auf den säulenartigen Beinen. Mir imponiert ihr tiefes Grummeln und Brummen. Genauso kenne ich ihr oft überschlagend schrilles Brüllen nur zu gut. Selbstverständlich respektiere ich diese unmissverständliche Drohung, denn ich bin mir in diesem Falle meiner relativen Schwäche durchaus bewusst. Ich kann die Verehrung der alten Griechen problemlos nachempfinden, die ohne Ironie und Zynismus der Göttergattin Hera den schmeichelhaften Beinamen „Boopis", die „Kuhäugige", gaben. Allerdings empfehle ich dieses Kompliment nicht für den Flirt am Strand oder in der Disco. Die Rinder beneide ich um ihre Fähigkeit, sich mit der Zunge in der Nase zu bohren, um ihre Möglichkeit, ungestraft im Minutentakt aufzustoßen, und um ihre Sicherheit, in der sie mir mit der Schwanzquaste regelmäßig zielgenau die Brille von der Nase schlagen. Wo auch immer ich Kühe treffe, streichele ich sie oder kratze und scheuere ihnen die Schwanzwurzel. Dabei freue ich mich an ihren genüsslichen Äußerungen des Wohlbefindens. Der säuerlich süße Kuhgeruch und der Stalldunst, komponiert aus Milch, Schweiß und Jauche, stinkt mir nicht. Kuhmist an den Schuhen stört mehr meine Frau als mich selbst und die grünen Flecken an der Hose sind eher ein Problem für das Waschmittel als für meine Eitelkeit. Wenn Freunde bei mir einen „Kuhknall" diagnostizieren, widerspreche ich nicht. Kühe finde ich gut!

Über das, was wir mögen und schätzen, wollen wir auch etwas wissen. In den letzten 200 Jahren sind eine Fülle von Büchern geschrieben, Artikel verfasst, Zeitungen herausgegeben und Prospekte verteilt worden, die sehr viel Wissenswertes über das Rind im Allgemeinen und über die einzelnen Rassen im Besonderen enthalten. In meiner Bibliothek beansprucht ein winzig kleiner Ausschnitt davon etwa 20 laufende Meter. Der überwältigende Teil der Literatur ist sehr nüchtern abgefaßt. Sie ist angereichert mit einem Wust von wissenschaftlichen Fakten, meist sehr anstrengend zu lesen und auch für den Interessierten nur sehr selten unterhaltsam. Die Unterschiede zwischen den vielfältigen und vielgestaltigen Rassen reduzieren sich üblicherweise auf quantifizierbare, mess- und wägbare Eigenschaften. Dies erscheint mir so, als würden der Kölner Dom, das Ulmer Münster und die Kathedrale von Reims nur in der Höhe des Turmes, im Gewicht der Glocken, in der Zahl der Sitzplätze und im Jahr der Grundsteinlegung differieren. Kulturdenkmäler sind in einfachen naturwissenschaftlichen Dimensionen nicht zu verstehen. So wie unbestritten jede einzelne Rinderrasse ein Kulturgut für sich darstellt, sind auch hier die Besonderheiten nicht durch in Kilogramm und Meter ausgedrückte Milch-, Mast- und Zugleistungen zu verdeutlichen. Sie werden nur unzureichend beschrieben durch die Fellfarbe und dessen Musterung, durch die Hornform und deren Länge.

Sie wird nur bedingt verständlich durch das Verbreitungsgebiet und nur sehr selten durch das Gründungsjahr des Zuchtverbandes.

Die unverwechselbare Originalität einer Rasse ergibt sich aus dem, was ich ihre Geschichte nenne. Geschichte ist hier weder im streng historischen noch im freien literarischen Sinne gemeint. Sie auf meine Art für ein paar ausgewählte Rinderrassen zu erzählen ist das Anliegen dieses Buches. Das soll in möglichst unterhaltender Form geschehen, damit nicht nur der Fachmann, sondern auch der interessierte Laie einige Rassen zu unterscheiden, aber vor allem zu schätzen und zu würdigen lernt. Alle Rassen der Erde zu beschreiben war nicht möglich. Bei der großen Zahl wäre das Buch dann ohne Hilfestellung nicht mehr tragbar. Ich habe mich auf die Rassen beschränkt, bei denen die Wahrscheinlichkeit nicht zu gering ist, dass sie dem Leser irgendwann und irgendwo über den Weg laufen. Es ist dabei berücksichtigt, dass der Tourismus auch in weiter entfernte und abgelegenere Gefilde führt. Nicht außer Acht gelassen ist auch, dass unsere zoologischen Gärten manchem exotischem Hausrind Asyl gewähren. Vorangestellt ist ein kurzer Abriss der Kulturgeschichte des Rindviehs mit den Höhen und Tiefen, die diese kostbaren Hausgenossen von der Jungsteinzeit bis zur Entdeckung der wissenschaftlichen Tierzucht durchschreiten mussten. Da ich davon ausgehen muss, dass viele Leser mit dem Rind im Allgemeinen nicht sonderlich vertraut sind, ist eine Geschichte angefügt, die ein wenig grundlegendes Wissen vermitteln soll. Wer viehische Lücken in seiner sonst selbstverständlich umfassenden Bildung verspürt, sollte zuerst die letzte Geschichte lesen, geradeso wie er es handhabt beim Studium des großen deutschen Wochenmagazins, das allmontäglich erscheint.

Ein gutes Bild kann oft mehr ausdrücken als tausend Worte, daher ist das

Buch reichlich illustriert. Auf Fotos, wie sie in Hülle und Fülle archiviert sind, haben wir gänzlich verzichtet. Ein vorher shampooniertes, dann rasiertes und frisiertes, auf einem Grasberg erhöht postiertes und geschickt illuminiertes, eventuell sogar retuschiertes Rind steht nur selten auf der Weide. Ein paar grünliche Flecken und Krusten an der Keule, einige struppige Haare an Scheitel und Schwanz, eine nicht ganz symmetrische Hornstellung oder eine nicht ganz vorschriftsmäßige Beinhaltung sind keine Fehler. Auch wenn die Oberlinie nicht wie mit dem Lineal gezogen ist und das Euter nicht wie aufgeblasen erscheint, verlieren die Tiere nichts von ihrem Charme. Er wird meines Erachtens dadurch nur noch unterstrichen. Die Bilder sollen die Rinder, Bullen, Kühe und Kälber so zeigen, wie wir sie sehen, und nicht, wie wir sie sehen sollen. Die von Brigitte Forman und Jutta Kaiser-Atcherley mit viel Einfühlungsvermögen und präziser Beobachtungsgabe gezeichneten Bilder porträtieren die Rassen aufs Allerbeste.

Ein Mensch, ob Politiker, Wissenschaftler oder Showstar, dem es gelungen ist, Ziel der Karikaturisten zu werden, hat es geschafft. Er kann sich als Person des öffentlichen Lebens fühlen, ist nicht mehr anonym. Nicht ganz so hoch gesetzt sind die Ziele der Karikaturen von Christiane Aumund. Sie sollen in erster Linie erfreuen, die Geschichten abrunden und bereichern. Wenn sie zudem den Wiedererkennungswert der verschiedenen Rinderrassen steigern, verdienen sie das Prädikat „treffend".

Bei so vielen Rassen kann es leicht zu Verwechselungen kommen, vor allem, wenn die intensive Lektüre des Buches ein Weilchen zurückliegt. Daher haben wir jeder Geschichte eine Symbolleiste vorangestellt, welche die Leistungsschwerpunkte der Rasse wiedergeben soll.

zeigen Milch, Butter und Käse.

bedeuten guter Braten, Hackfleisch oder schlichtes Suppenfleisch.

sind Symbol für die Gespannarbeit vor Pflug oder Wagen.

erinnert an die kämpfenden Eigenschaften in der Arena.

weisen auf robuste Haltungsmöglichkeiten hin.

steht für besondere Fähigkeiten in Natur und Landschaftsschutz,

symbolisiert den speziellen Kapitalcharakter.

meint, dass dieser Typ außergewöhnlich schön und attraktiv ist.

Bei einem späteren Schnelldurchlauf sind so die Charakteristika der Rasse auf einen Blick zu erfassen.

Sollte der Leser nach der Lektüre in einer Kuh nicht mehr nur die Milch- oder Fleischlieferantin sehen, sondern ein kultiviertes Mitgeschöpf, und sollte er für einen Augenblick nachdenklich stocken, wenn er bei einer Beschimpfung sprachliche Anlehnung an die Gattung Bos taurus sucht, dann ist das Ziel dieses Buches erreicht.

Das Hausrind

EINE UNENDLICHE GESCHICHTE

DIE DOMESTIKATION des Auerochsen vor etwa 10 000 Jahren – auf das eine oder andere Millenium mehr oder weniger kommt es nicht an – war ein Meilenstein in der Geschichte der Menschheit. Es war die Errungenschaft, die den Homo errectus zum Homo sapiens machte. Die Schöpfung des Hausrindes versetzte ihn in die Lage, das zu entwickeln, was wir heute Hochkultur nennen. Bis dahin waren unsere Ahnen ganztägig und ganzjährig damit beschäftigt, sammelnd und jagend ihr Überleben zu sichern. Nur naturromantische Nostalgiker geraten beim Gedanken an diese graue Vorzeit ins Schwärmen. Die Jagd im Wald und auf der Heide bei Wind und Wetter lässt nur den einen Hauch von Freiheit und Abenteuer spüren, den nach der Pirsch eine heiße Dusche und ein prasselndes Kaminfeuer erwartet, an dem er sich nach einem ausgiebigen Mahl mit einer guten Zigarre in der Linken und einem Glas Roten in der Rechten bequem niederlässt, um seinen gebannt lauschenden Freunden zu berichten, warum der starke Sechserbock wieder einmal entwischt ist. Wenn den Jäger allerdings eine nasskalte Höhle mit beißend rauchendem Feuer erwartet, an dem die ganze Sippe mit knurrenden Mägen seiner harrt, ihm die Beute gierig entreißt oder ihn mit sozialer Verachtung straft, wenn er vorbeigeschossen hat, so ist von Romantik nicht viel zu spüren. Wie für das Jagen gilt Vergleichbares auch für das Sammeln. Der nervenkitzelnde Genuss eines selbstgesuchten Pilzgerichtes und die süßen Gaumenfreuden eines Preiselbeerkompotts eigener Lese sind unbestritten. Wenn die Mücken aber zu sehr zwicken, wenn das Unterholz undurchdringlich dicht wird oder wenn ein Wolkenbruch keinen Faden am Leibe trocken lässt, ist es ausgesprochen beruhigend, eine in Dosen vorgegarte oder portionsweise tiefgefrorene Alternative im nächsten Supermarkt käuflich erwerben zu können.

Unter dieser Betrachtungsweise muss die Lebensqualität nicht weiter ausgemalt werden, die sich unseren jungsteinzeitlichen Ahnen dadurch eröffnete, dass die Jagdbeute neben der Hütte graste und im geschützten Garten Obst, Gemüse und Getreide sammelfertig reifte. Man hatte schon einige Generationen Erfahrung, mit Grabstock und Hacke den Boden zu bearbeiten und Pflanzen zu kultivieren, als die ersten Domestikationsversuche mit Hund, Ziege und Schaf gestartet wurden. Richtig los ging es aber erst mit Ackerbau und Viehzucht, als Kuh und Bulle in den Hausstand überführt waren.

Die Fleischtöpfe waren fortan stets reichlich gefüllt. Wem der Steakverzehr zu einseitig wurde, der stillte seinen Hunger mit Milch oder aus Milch hergestellten Speisen wie Butter, Quark, Käse, Jogurt oder Kefir. Die Liste dieser Produkte füllt ganze Bücher- und Kühlregale. Das war aber nur ein kleiner Teil des Nutzens. Die abgenagten Knochen gaben vorzügliche Handgriffe für die anfangs gebräuchlichen Steinbeile wie für die später in Mode gekommenen Bronzeäxte. Mit Knochensplittern wurde genäht, geschnitten und geschabt. Mit den Sehnen wurden belastbare Verbindungen geknüpft. Über einen elastischen Haselnusszweig gespannt, verhalfen sie dem Flitzebogen zu seiner enormen Tragweite. Rindertalg als Vorläufer des Petroleums erhellte die finsteren Nächte der dunklen Vorzeit. Ungegerbte Häute lieferten eine wasserdichte Bedachung für Zelte und Hütten, in denen man auf, unter und zwischen Kuhfellen schlief, wenn man nicht schon eine Matratze sein eigen nannte, die selbstverständlich mit Kuhhaaren gepolstert war. Derbes Rindsleder, zu Helm und Schild verarbeitet, milderte die Wirkung, wenn ein wenig wohlmeinender Zeitgenosse mit der Keule argumentierte. Gegerbtes Juchten war der Stoff, aus dem geschmeidige, gut sitzende Hosen, Jacken und Leibchen geschneidert wurden. Diese Kleidung war damals schon sehr beliebt, obwohl die dazugehörige Harley-Davidson erst einige tausend Jahre später erfunden wurde.

Von großem Nutzen waren auch die Produkte des Rindviehs, über die man allgemein nur die Nase rümpft, wie Kot und Urin. Gedörrte Kuhfladen sind ein erstklassiges Brennmaterial. Um die Wohnung zu heizen oder um die Suppe zu garen, musste man nicht ganze Wälder abholzen, tief in der Erde nach Kohle graben oder nach Erdöl bohren, sondern nur mal eben um die Hausecke gehen und die mehr oder weniger festen Ausscheidungen der gehörnten Hausgenossen einsammeln und trocknen. Als Jauche und Mist auf ein Stückchen Land ausgebracht, konnte vom gleichen Feld über viele Jahre mannigfaltig Frucht geerntet werden. Das zu beackernde Areal konnte sehr groß bemessen sein, weil Kuh und Bulle, er meist zum Ochsen verschnitten, tatkräftig bei der Bestellung mithalfen. Vor Pflug und Egge gespannt bearbeiteten sie ein Vielfaches der Fläche in der Hälfte der Zeit, die Opa, Oma, Frau und Kinder zusammen mit Hacke und Harke brauchten. Auch das Einbringen der Ernte war vereinfacht. Inzwischen war das Rad erfunden worden. Was nützt jedoch das schönste Rad, wenn es nicht von einem Rindvieh kraftvoll und ausdauernd bewegt wird oder nicht wie geschmiert läuft, weil auf der Radnabe das Fett fehlt. Dieses lieferte in der vorpetrochemischen Zeit das Rind. Resümierend ist es nicht übertrieben, wenn dem Haustier Rind der Titel Nutztier zuerkannt wird.

Im Verlaufe der Domestikation erfuhren die Rinder neben den uns nutzbringenden Leistungssteigerungen eine Reihe weiterer Veränderungen. Im Vergleich zum ursprünglichen Auerochsen sind das Schrumpfen der Körpergröße, die Vielfältigkeit der Haut- und Haarfarben und die Variationen der Behornung augenfällig. Von überdimensional weit ausladenden Gaffeln bis zur absoluten Hornlosigkeit ist alles vertreten. Aber auch weniger sichtbare Umwandlungen sind von der Forschung enthüllt worden. So ist das Gehirn der Haustiere kleiner, ihre Sinnesorgane sind weniger geschärft und ihr Verhaltensrepertoire ist eingeschränkt, gemessen an den wilden Ahnen. Reporte und Berichte dieser Befunde, insbesondere wenn sie populärwissenschaftlich aufgearbeitet sind, haben immer einen mitleidigen Unterton. Es wird der Eindruck vermittelt, Haustiere seien gar keine richtigen Tiere mehr, sondern nur noch von der Natur entfremdete, arme, ausgebeutete Kreaturen. Dieses Bedauern geht an der Wirklichkeit vorbei und zeugt von einem versperrten Blick für die Realitäten. Der riesige, furchterregend starke Auerochse mit den wachen Sinnen machte 1627 seinen letzten Atemzug und ist seitdem ausgestorben. Seine gezähmten Brüder und Schwestern dagegen haben in Begleitung des Menschen fast den ganzen Globus erobert und stellen mit über einer Milliarde Köpfen die zahlenmäßig stärkste Großsäugerart der Erdgeschichte.

Nicht anders ist es bei den Verwandten unserer Kühe, den übrigen Angehörigen der Familie Bovidae. Die wilden Wasserbüffel, die Arnis, finden bei den stetig vordrängenden Volksmassen in Indien und Sri Lanka nur noch

wenig Gelegenheit, sich stundenlang im Wasser zu aalen oder sich im Schlamm zu suhlen. Ihre häuslich gewordenen Verwandten werden dagegen nach getaner Arbeit in den Reisfeldern oder an den Melkeimern zum Bade an den Fluss geführt, wo ihnen mit der Wurzelbürste wohlig der Rücken geschrubbt wird. Sie haben inzwischen Australien, Südamerika und große Teile Afrikas besiedelt. In Bulgarien, Rumänien und Italien führen sie ein sorgenfreies Leben dank ihrer Milch. Der aus ihr hergestellte Käse, Mozzarella, ist in aller Munde.

Die wilden Yaks müssen sich wie Reinhold Messner auf immer höhere Gipfel und in immer entlegenere Schluchten des Himalaya zurückziehen. Das Hausyak hat sich dagegen als multifunktionales Nutztier auf dem Dach der Welt für die Menschen unentbehrlich gemacht und so eine solide Lebensstellung gefunden.

Das Gayal, das domestizierte Stirnrind, wird von Burmesen, Malayen und Indern gehegt und gepflegt. In der dunklen Grundfarbe ist es ein hoch geschätztes Opfertier der Assami. Sein wilder Artgenosse, der Gaur, muss sich bei Nacht und Nebel durch den Dschungel schlagen um sich den Wanst zu füllen. Sein Schicksal teilt das Banteng, dem es nicht viel besser ergeht auf der ewigen Flucht vor Tigern, Schlangen und zweibeinigen Jägern. Als Balirind hausständig gemacht erfreut es sich der Zuneigung der südostasiatischen Insulaner. Die hübschen hellbraunen Rinder mit dem beigen Zwickel revanchieren sich dafür mit Fleisch und Arbeitskraft. Reich mit Blumen geschmückt sind sie die Stars der traditionellen Ochsenwagenrennen, die kein Balitourist versäumen darf.

Daneben gibt es einige Arten bei den Bovidae, denen nie der Sinn nach menschlicher Gesellschaft stand, die nie domestiziert wurden. Sie führen das gleiche Schattendasein wie die beschriebenen Wildformen der Haus- und Hofwiederkäuer. Das europäische Wisent grast nur noch in Zoos, Wildgehegen und Nationalparks. Sein internationales Zuchtbuch, in dem wirklich

alle Wisente namentlich registriert sind, hat lediglich das Format einer Broschüre. Das amerikanische Bison zog noch vor rund 150 Jahren in einer geschätzten Herdenstärke von 60 Millionen Kopf über die Prärie und ließ sich das „bluegrass" schmecken. Buffalo Bill und seine Spieß- und Schießgesellen mähten sie in kürzester Zeit nieder. Die übrig gebliebenen Restbestände verdingen sich als Statisten bei Hollywoodproduzenten, wie bei dem, der mit dem Wolf tanzt. Das Kouprey irrt ruhelos durch den kambodschanischen Urwald, dauernd verfolgt von Forschern, die mehr wissen wollen, als dass dieses mächtige Wildrind riesige Hörner trägt. Die kleinen Anoas führen ein scheues Inselleben auf Celebes, fern jeder Rindviehkultur. Den afrikanischen Rotbüffeln – stets von der Ausrottung bedroht – ist nur ein kleines Refugium am Kongo geblieben. Ihre großen, schwarzen Vettern, die Kaffernbüffel, können nur noch in den Schutzgebieten die Bantus und Massai erschrecken. Nebenbei verschaffen sie den Touristen eine Gänsehaut, die ihren Hemingway aufmerksam gelesen haben. Alles in allem ist das ein Leben mit düsteren Aussichten.

Man sieht daraus, dass die Domestikation nicht nur dem Menschen genützt hat. Sie hat der Spezies Bos taurus und einer ganzen Reihe seiner Verwandten das Überleben gesichert. Dies ist nicht nur die subjektive Auffassung eines Kuhfreundes, der als Abhängiger des „Rinderimperiums" unbestritten befangen ist. Die These wird durch die moderne Biologie gestützt. Die Soziobiologie sieht den Sinn und Zweck des Lebens im Überlebenswillen der Gene. Diese sind unablässig bestrebt, in der nächsten Generation möglichst häufig aufzutreten. Für dieses Ziel schaffen sie sich Wesen, deren Sinnen und Trachten auf Fortpflanzung gerichtet ist. Abhängig von der Kombination der Gene können diese Wesen sehr verschieden geartet sein. Sich weitestgehend ähnelnde Wesen nennen wir einer Art zugehörend. Stark vereinfacht ist somit jede Art ein von den Genen geschaffener Apparat, der möglichst große Gewähr dafür bietet, dass die Erbanlagen in den Nachfahren weiterleben. Wie erfolgreich die Arten dabei sind, ist abhängig von der Umwelt, die sich tückischerweise fortwährend ändert. Darauf reagierend entwickeln sich die Arten, was man Selektionsdruck nennt. Die fittesten sind die am besten angepassten Anlagenkombinationen. Dem Genom ist es dabei piepegal, von wem seine Genfrequenzen unter Druck gesetzt und in die eine oder die andere Richtung geschoben werden. Allgemein anerkannt als Selektionsfaktoren sind das Klima, die Bodenbeschaffenheit, die Vegetation und viele andere, so genannte natürliche Parameter. Ebenso gut kann auch der Mensch und selbst sein Streben nach dem schnöden Mammon selektierend tätig sein.

Unter diesen soziobiologischen Aspekten waren jene Auerochsen die fittesten, die sich domestizieren ließen. Es war ein genialer Schachzug, sich den Menschen anzupassen, sie für sich einzuspannen, ihnen die Sorge für Futter und Unterkunft zu überlassen und sich selbst nur noch mit dem Wesentlichen zu beschäftigen: der Weitergabe und Verbreitung von Genen, der Fortpflanzung. In grober Selbstüberschätzung, als Krone der Schöpfung, halten wir die Domestikation für eine Leistung des menschlichen Geistes, wohl weil wir so großen Nutzen aus diesem Zusammenleben ziehen. Genauso richtig ist die Auffassung, dass sie das Verdienst der Urrinder ist, die sich dem Prinzip Eigennutz folgend in den Hausstand begaben. Indiz für die Richtigkeit dieser etwas ungewöhnlichen Betrachtungsweise sind die unzähligen fehlgeschlagenen Versuche, andere Huftiere zu Haustieren zu machen. Sie waren bei Zebra, Oryx, Mähnenspringer oder Hirschziegenantilope beispielsweise nicht von Erfolg gekrönt. Diese Spezies überleben heute unter dem Schutz des Washingtoner Artenschutzabkommens. Während bei Naturromantikern das Gefühl vorherrscht, diese Tiere wären zu clever gewesen um sich domestizieren zu lassen, ist es wahrscheinlich sachlich zutreffender, dass diese dazu nicht clever genug waren, selbstverständlich nur soziobiologisch gesehen.

Solche biologistischen Überlegungen waren für die Jäger und Frühbauern des Paläolithikums noch nicht von Interesse, als sie Höhlenwände von Lasceaux und Chalet mit ihren Frieszeichnungen schmückten. Sie ahnten aber wohl schon die Bedeutung des Auerochsen für die Menschheit. Viele ihrer Urdarstellungen zeigen erste Anzeichen von Domestikation. Im Gegensatz zu den Pferden zeigen die Rinderbilder eine große Variabilität in Größe, Färbung und Hornform.

Genauer wussten es schon die Völker zwischen Euphrat und Tigris, an der vermeintlichen Wiege der Haustiere. Assyrern, Babyloniern, Phöniziern und Sumerern war klar, was sie dem Hornvieh verdankten auf ihrem Weg zu Hochkulturen. Ihnen waren Stiere und Kühe heilig und entsprechend res-

pektvoll wurden sie verehrt. Archäologen, die in den letzten hundert Jahren das Zweistromland mehrfach umgruben und durchsiebten, förderten eine Reihe von Zeugnissen zu Tage, die den Kuhkult und die Stierriten dokumentieren. Sumerische Standardtafeln aus Lapislazuli und Perlmutt, Keramikbecher, getöpfert in Susa, und Skulpturen und Reliefs, gefertigt in der assyrschen Stadt Ur (!), zeigen bevorzugt Kühe, Bullen, Ochsen und Kälber.

Auch die Israeliten versuchten sich seinerzeit auf ihrem 40-jährigen Marsch durch die Wüste in der Verehrung eines Rindviehs. Davon war ihr Führer Moses allerdings nicht sonderlich entzückt. Wie uns aus dem alten Testament geläufig, beendete er rasch und barsch den Tanz um das goldene Kalb. An sich hätte es den Moses nicht sonderlich überraschen sollen, dass sich seine Weggefährten nach so vielen Jahren im Land der Pharaonen zu den Kühen hingezogen fühlten. Im klassischen Ägypten besaß die Tierzucht einen hohen Stellenwert. Die Fresken im Tal der Könige vermittelten ihren Entdeckern, bevor sie der Fluch des Tutanchamun ereilte, einen umfassenden Überblick über das alltägliche Werken und Wirken der Bauern während der verschiedenen Dynastien. Ihnen ist zu entnehmen, dass damals rote, weiße, schwarze und verschieden gescheckte Rinderrassen gezüchtet wurden. Das Gen für Hornlosigkeit sorgte schon für sichere Arbeitsplätze. Selbst bucklige Zebus aus dem fernen Indien grasten am Nil. Die Stallhaltung, die Futtervorgabe und die Melktechnik waren ähnlich wie heute. Ochsen trugen Sänften, Sättel oder Stirn- und Nackenjoch. Sie zogen modern anmutende Wägen und Pflüge, sie halfen beim Dreschen und waren die Motoren der Schöpfwerke, die das kostbare Nilwasser auf höher gelegene Felder beförderten. Die Ägypter waren sich der immensen Bedeutung ihrer vierbeinigen Mitgeschöpfe durchaus bewusst. Der Apiskult und die kuhköpfige Göttin Hathor sind fester Bestandteil der Kulturgeschichte.

Die antiken Griechen, zeitlich etwas später, liebten nicht nur die Demokratie, die Philosophie und die Mathematik, sie waren auch große Kuhfreunde. Für einen guten Stier riskierten sie schon mal einen handfesten Streit mit den Göttern, wie König Minos auf Kreta, der einen als Opfergabe vorgesehenen Stier des Poseidon lieber als Deckbullen einsetzte. Auch seine Frau war von dem göttlichen Beschäler begeistert. In einem Spezialdeckstand, konstruiert von Flugpionier Daedalus, ließ sie sich von dem Farren begatten und gebar den Minotaurus, dessen labyrinthisches Schicksal aus klassischen Opern und Dramen bekannt ist. Diese Liaison war kein Einzelfall. Bezeichnenderweise und symbolschwanger verführte Göttervater Zeus die jugendliche Europa in der Gestalt eines Stieres. Den olympischen Rindviechern galt es gebührenden Respekt zu zollen, wollte man nicht vom Blitz getroffen werden. Odysseus machte diese schmerzliche Erfahrung, als sich seine Gefährten am Vieh des Sonnengottes Helios vergriffen. Im klassischen Hellas gab es auch schon eine Massentierhaltung mit all den uns bekannten Problemen. Der bekannteste Intensivhalter war Augias, der König von Elis. Er trug den passenden Beinamen: der Herdenreiche. Die katastrophalen hygienischen Zustände in seinen Ställen sind noch heute sprichwörtlich. Um sie auszumisten, brauchte man schon einen Supermann wie Herkules. Er löste die Aufgabe recht einfallsreich. Kurzentschlossen leitete er einen Fluss durch die Stallungen und muss damit als Erfinder der Schwemmentmistung angesehen werden. Wie die Bevölkerung damals auf dieses Gülleproblem reagierte, ist von den Chronisten leider nicht überliefert.

Während bei den Griechen die Nutztierhaltung fast religiösen Charakter hatte, wurde sie im alten Rom dann recht handfest und praxisbezogen betrieben. Die ersten landwirtschaftlichen Lehrbücher erschienen. In den Fachbüchern der Agrarschriftsteller Tacitus, Plinius oder Columella nimmt die Tierzucht einen breiten Raum ein. Das Hausrind erlebte eine vorher und auch nachher lange Zeit nicht gekannte Qualität. Vorausgesetzt die klassischen Bildhauer waren ehrlich und haben nach dem Leben und nicht idealisierend modelliert, könnten die römischen Viecher auch jetzt noch, 2 000 Jahre später, auf jeder großen Zuchtschau konkurrieren. Im Tross der cäsarischen Legionen zogen sie um die Zeitenwende befruchtend durch ganz Europa. Ihre wertvollen Gene sind neben der Schrift und dem Rechtssystem bis heute existentes Erbe des Imperium romanum.

Mit dem Zerfall des römischen Reiches in Ost und West verkam auch die Zuchtkultur. Weiter wurden Rinder gehalten und diese wurden auch nach Kräften genutzt und ausgenutzt. Von zielgerichteter Zucht konnte aber nicht mehr die Rede sein. Gedeckt wurde alles, was nur eine Gebärmutter und so etwas Ähnliches wie ein Euter hatte. Als Vatertier nahm man das, was gerade des Weges kam. Es kamen damals viele und sehr verschiedenartige Typen daher, denn es war die Zeit der großen Völkerwanderungen. Jede Geburt bei einer Kuh war wie das Öffnen einer Wundertüte. Man ließ sich überraschen. Die Rinderherden waren eine bunte Ansammlung von Individuen: kleine, große, dicke, dünne, schwarze, rote, einfarbig und gescheckt, mit langen und mit krummen Hörnern – alles, was der Genpool nur hergab. Von einheitlichen Typen und Schlägen konnte nur selten die Rede sein, von Rassen schon gar nicht. Den Nutzen auf den Punkt gebracht machten die Rinder des Mittelalters hauptsächlich Mist. Sie gaben ein bisschen Milch, lieferten nach jahrelangem Wiederkäuen einen eher dürftigen Schlachtkörper und halfen bei der Feldarbeit so gut, wie es einem nur knapp einem Meter großen Öchslein möglich ist. Bedeutung für den mittelalterlichen Landmann in Europa hatten sie über ihre Fladen. Kuhdung war knapp und unentbehrlich wertvoll als Dünger für den Ackerbau. Bei dieser Selektionsrichtung „Schei…" kann jedwede Tierzucht keine Blüte erreichen, sondern nur eine Brache. Entsprechend tief gesunken war die Wertschätzung für das Tier, dem die Menschheit bis dahin so viel verdankte. Dies blieb so bis in das 17. Jahrhundert hinein.

Die Rinderwelt bestand und besteht nicht nur aus Orient und Okzident, wo die Unterart primigenius des Bos taurus domestiziert wurde. Die Subspezies Bos taurus namadicus wurde in einem zweiten Zentrum der Haustierwerdung kultiviert. Auf dem indischen Subkontinent weidet seitdem das Zebu, leicht zu erkennen am typischen Buckel. Dort hat sich die dankbare Verehrung für das Rind bis heute erhalten. Uns erscheinen die heiligen Kühe in den Straßen Bombays oder Kalkuttas oft seltsam. Sie sind in unseren Augen eher unnütze Fresser und Verkehrshindernisse. Für einen Hindu sind sie die Inkarnation von „Mutter Kuh", der Quelle allen Lebens. Ein Brahmane trinkt durchaus Milch und lässt seinen Wagen gern von einem Ochsen ziehen. Ihm käme es aber nie in den Sinn, eine Kuh zu schlachten, um mit ihrem Fleisch seinen Hunger zu stillen. Diese Hochachtung entspringt nicht einer religiösen Verirrung, sondern sie hat sehr vernünftige, praxisnahe Ursachen und Gründe. In Indien ist eine Landwirtschaft ohne die Kraft der buckligen Zugochsen undenkbar. Das Zebu ist für den Bauern in Assam oder Utar Pradesh das zukunftsichernde Kapital. Ihn zu töten oder auch nur zu veräußern, hieße das Gleiche wie bei uns den Traktor zu verkaufen. Man sieht keine Chance mehr im Dasein als Bauer. Muskelkraft ist aber nicht die einzige Energielieferung des indischen Viehs. Ohne den Kuhmist wäre die indische Reistafel ein kaltes Buffet. Über die Hälfte der in indischen Privathaushalten verbrauchten Energie stammt aus dem Stoffwechsel der Zebus. Die gesammelten und getrockneten indischen Kuhfladen eines Jahres sind energetisch äquivalent zu 85 Millionen Tonnen Holz oder

43 Millionen Tonnen Kerosin oder 64 Millionen Tonnen Steinkohle und sie werden hergestellt aus Abfällen und Pflanzen, die für den Menschen sonst nicht verwertbar sind. Wir sollten vorsichtig sein mit der vorschnellen Empfehlung an die Inder, bei einer Hungersnot doch erst einmal ihre Rinder zu schlachten. Ein Soziologe würde solche Ratschläge unter der Kategorie „Spätkolonialistischer Hochmut" abheften. Im Übrigen, würden wir bei noch so großer Not unseren Hund in die Pfanne hauen?

Mal abgesehen von Vorurteilen ist unser Wissen und Verständnis der indischen Rinderkultur schon sehr dürftig. Bei der oder besser den afrikanischen tendiert es gegen „nicht vorhanden". Vor zwei- bis dreitausend Jahren breiteten sich die Hausrinder sowohl mit als auch ohne Buckel über den schwarzen Kontinent bis nach Südafrika aus. Eine ganze Reihe von Völkern entwickelte Gesellschaftsstrukturen und Lebensweisen, in deren Zentrum die Rinderhaltung steht. Das auffälligste Resultat sind die verschiedenen Formen des Nomadismus. So geschehen bei den Herero im westlichen Süden Afrikas, bei den Fulbe im Osten Nigerias oder bei den Tutzi, die gerade traurige Berühmtheit erlangt haben durch den Streit mit ihren Nachbarn, den Hutu. Wenigstens vom Namen her bekannt sind bei uns die Massai, die am Fuße des Kilimandscharo in Kenya und Tansania ihre Herden hüten. Sie imponieren den Pauschaltouristen durch ihre aufrechte, schlanke, anmutige Haltung und ihr selbstbewusstes Auftreten. Nicht nur ihr Tagesablauf, ihr ganzes Leben dreht sich um ihre Haustiere. Ihre Sprache, das Maa, kennt so viele Begriffe, die das Vieh betreffen, dass sie für einen Fremden kaum übersetzbar ist. Vergleichbar in unserer Sprache ist nur die Wortvielfalt um das Auto. Das Rind ist nach ihrem Glauben eine Gottesgabe exklusiv für sie. Daher gibt es für sie keinen Viehdiebstahl in unserem Sinne. Eignen sie sich

die Herde eines anderen an, und das machen sie, sooft sie Gelegenheit dazu bekommen, so führen sie die Tiere nur ihrer wahren Bestimmung zu.

Amerika ist ursprünglich, abgesehen von den Bisons, kuhfrei gewesen. Aber schon Kolumbus brachte die ersten Langhörner mit in die Neue Welt. Sie hatten wenig Probleme mit der Akklimatisierung und vermehrten sich mit einer Geschwindigkeit, die sonst nur von den Kaninchen in Australien bekannt ist. In Südamerika entwickelten die eingeborenen Kuhhirten, die Vaceros, eine besondere Lebensform, die Gauchokultur, die wohl eher eine Subkultur war. Die freien, keiner Regierung hörigen Gauchos stellten den vielköpfigen verwilderten Rinderherden nach. Nicht des Fleisches wegen schleuderten sie Lasso und Bola, sondern sie hatten es auf die Kuhhäute abgesehen. In Europa bestand mit der aufkeimenden Industrialisierung ein riesiger, gewinnversprechender Bedarf an derbem Rindsleder. Benötigt wurde es für die unzähligen Transmissionsriemen, mit denen die Dampfaggregate die Maschinen in den Fabriken und damit die Wirtschaft ankurbelten. Das Fleisch ließen die Fellabzieher in der Sonne vergammeln, bis Liebig's Fleischextrakt erfunden war. Die erste großindustrielle Nutzung dieser bahnbrechenden Neuerung fand in der südamerikanischen Wildnis statt. Von Argentinien aus eroberte das Instantfleisch die ganze Welt. Die Kultur der nordamerikanischen Viehhirten, der Cowboys, ist uns aus Groschenromanen, Comics und den Westernfilmen mehr als bekannt. Obwohl das Round-up der Herden heute mit Crossmotorrad und Helikopter nach Satellitenpeilung technisiert ist, lebt der Geist der Cowboys in den USA weiter. Das Streben nach grenzenloser Freiheit und das Gesetz des schneller

ziehenden Revolverhelden ist lebendig wie eh und je, nicht nur auf den von Countrymusik untermalten Rodeos und Stampedes.

In Europa entstand erst vor rund zweihundert Jahren die Rinderzucht, wie wir sie noch heute kennen und verstehen. Robert Bakewell und die Brüder Collins dürfen fraglos als die Väter der naturwissenschaftlich fundierten Nutztierzucht angesehen werden. Angeregt wurden sie gewiss durch die Erfolge der etwas älteren Vollblutpferdezucht. Sie selektierten scharf, paarten Gleiches mit Gleichem, daraus das Gute mit dem Guten und daraus das Beste mit dem Besten. Dabei protokollierten sie akribisch jeden Fort- und jeden Rückschritt. Ihre Erfolge motivierten Züchter in ganz Europa. Vielerorts hatten sich bis dahin schon über die Jahrhunderte Landschläge herauskristallisiert als Frucht der Scholle oder, wie wir heute sagen, als Produkt der ökologischen und ökonomischen Situation. Auf den fetten Marschweiden zum Beispiel grasten große, milchreiche Kühe, auf den kargen Mittelgebirgsstandorten wiederkäute ein mehr robustes, trittsicheres Vieh und auf den schweren Ackerbauböden legten sich eher muskulöse, zugkräftige Rinder ins Zeug. Die in England entwickelten Prinzipien vor Augen und im Hinterkopf schlossen sich die Rinderhalter zu Zuchtverbänden zusammen. Sie legten gemeinsame Zuchtziele fest, organisierten und dokumentierten die notwendigen Leistungskontrollen, halfen bei der Auswahl und beim Ankauf der Vatertiere und förderten den Absatz der Zuchtprodukte. Daneben bekämpften sie erfolgreich die verheerenden Tierseuchen, machten neue Biotechniken wie die künstliche Besamung und den Embryonentransfer bauernhoffähig und berieten in allen Fragen der Fütterung, der Hygiene und der Betriebswirtschaft. Das hat sich bis dato nicht geändert. So sind weltweit einige hundert definitive Rinderrassen entstanden. Viele haben nur lokale Bedeutung erlangt, einige wurden über die Region hinaus bekannt und nur ganz wenige sind weltweit erfolgreich. Manche sind inzwischen wieder ausgestorben oder stark davon bedroht. Andererseits entstehen aber immer wieder neue Rassen. Jede von ihnen repräsentiert ein Kapitel in der unendlichen Geschichte des Hausrindes, die in grauer Vorzeit begann, bis in die Gegenwart hineinreicht und in der Zukunft weitergestaltet wird. Wo auch immer wir eine Rinderrasse sehen und erkennen, sollten wir sie mit dem Bewusstsein betrachten, der einem solch hohen Kulturgut angemessen ist.

Holstein Friesian

DIE HIGHTECH-KUH

KÜHE LIEGEN VOLL IM TREND. Seit Beginn der neunziger Jahre zieren sie Kaffeetassen, Zahnputzbecher und Salzstreuer. Sie verdrängten Eulen, Elefanten und Enten als Nippes aus den Bücherregalen und von den Sideboards. Den fernöstlichen Kitschdesignern ist die Vielfältigkeit der verschiedenen Rinderrassen völlig wurscht. Schwarze unregelmäßige Flecken auf weißem Grund reichen als Kuhmotiv, wie die Gestaltung von Unterhosen, Bettwäsche und Servietten zeigt. Diese Schwarzweißsicht darf nicht überraschen, denn sie entspricht der Fellzeichnug der amerikanischen Holstein Friesian (HF). Diese Rasse drohte in den letzten Jahrzehnten mit ihrer Milchflut alle anderen weltweit davonzuschwemmen. Bei einem Quiz hätte jeder geografisch mäßig gebildete Milchbauer keinerlei Probleme, 50 Länder auf unserem Globus aufzuzählen, von Argentinien bis Simbabwe, wo die HF im Dienste der Milch-, Jogurt- und Käseproduktion systematisch gezüchtet werden. Aber nur wenige

Experten wissen das einzige europäische Land zu nennen, wo dieses nicht der Fall ist.

Das Quellgebiet des amerikanischen HF-Milchstromes sind die europäischen Marschweiden an Nord- und Ostsee. Bereits im siebzehnten Jahrhundert wanderten Bauernburschen aus Holstein und Friesland mit Peter Stuyvesant über den großen Teich aus. Nach guter Emigrantentradition brachten sie das Wertvollste aus ihrer alten Heimat mit in die neue. Das waren bei ihnen die schwarzweiß gescheckten Kühe. Diesseits des Atlantiks als Allzwecktier genutzt, sahen sich diese jenseits des Ozeans mit der Arbeitsteilung konfrontiert. Zug- und Spanndienste auf den Äckern und Straßen verrichteten die aus dem spanischen Nachlass reichlich vorhandenen Pferde. Steaks und Hamburger lieferten die englischen Spezialisten vom Schlage der Hereford und Aberdeen Angus. Die zugereisten Niederungskühe fanden ihr Auskommen, indem sie sich auf ihre traditionelle Begabung besannen, Milch in rauhen Mengen in die Eimer rauschen zu lassen. Ein besonderes Talent, das bis heute gepflegt und zu immer höheren Leistungen weiterentwickelt wird. Alljährlich werden immer neue Rekorde der Holstein Friesian gemeldet und ein Ende dessen ist noch lange nicht in Sicht. Mehr als ein Hektoliter pro Tag sind für einzelne Kühe verbürgt. Eine schier unglaubliche Leistung, wenn man weiß, dass etwa 550 Liter Blut das Euter durchspülen müssen, um einen einzigen Liter Milch zu erzeugen. Zwei Elitekühe füllen problemlos mit ihrer 305-Tage-Produktion einen 40-Tonnen-Tanklastzug. Das Eineinhalbfache ihres Körpergewichts an solidem Fett und Eiweiß stellen sie in jeder Laktation für Butter und Käse zur Verfügung. Schwarzbunte Persönlichkeiten, die mehr als 100 000 Liter in ihrem Leben unter amtlicher Kontrolle gespendet haben, werden den Landwirten allmonatlich in den Züchterjournalen vorgestellt. Rekorde in exakten Zahlen hier anzugeben wäre vertan, denn kaum publiziert, sind sie schon wieder gebrochen.

Solche Milchchampionessen müssen sich gesund und wohl fühlen. Sie gedeihen nur in einem adäquaten Milieu. Die Holstein Friesian ist deshalb keine Kuh für jeden Hans und Franz. Die beiden müssen schon hochqualifizierte Fachleute mit vielseitigem Wissen sein. Ein Formel-1-Auto kann auch nicht von jedem Schlosser gewartet werden.

Die Extremkühe haben täglich Appetit auf etwa 25 Kilogramm Trockensubstanz. Darin müssen alle Stoffe enthalten sein, die zur Bildung der Milchmassen notwendig sind. Die Speise muss den Eutergigantinnen so serviert werden, dass ihre anspruchsvollen Vormägen nicht überfordert werden. Als Grundnahrung dient ihnen hochwertige Mais- und Grassilage, die mit Getreide, Sojaschrot, Mineralstoffen, Vitaminen und Spurenelementen im hochtechnisierten Futtermischwagen zu einem gehaltvollen Eintopf verrührt wird. Die zusätzlichen, der Leistung angemessenen Leckereien werden den Sahneköniginnen als pelletiertes Konzentrat in elektronisch gesteuerten Automaten wiederkäuergerecht in kleinen Portionen über den Tag verteilt spendiert. Damit es zu keinen überfütternden Verwechslungen kommt, müssen sich die Kühe beim Betreten der computerüberwachten Imbissstuben ausweisen. Als Erkennungsmarke tragen sie einen Chip am Halsband oder am Ohr.

Nicht allein die Verköstigung muss dem neuesten Stand des Wissens entsprechen, auch die Unterkunft muss höchsten Ansprüchen genügen. In einem dunklen, muffigen Stall mit Zugluft, angekettet und ohne Bewegungsmöglichkeiten, reduziert sich ein genetisch möglicher Milchfluss zu einem Rinnsal. Ein heller, luftiger, allerdings nicht zu kalter Freilaufstall mit breiten Fressplätzen ist das passende Ambiente für die HF-Kühe. Dort können sie sich, in Einzelliegeboxen auf bequemen Gummimatten ruhend, genüsslich wiederkäuend auf ihre eigentlichen Aufgaben konzentrieren.

Die Milchflut kann nicht mehr im herkömmlichen Stripp-Strapp-Strull-Verfahren mit Schemel, Faust und Eimer bewältigt werden. Melkmaschinen und Melkstände in Tandem-, Fischgrät- oder Karussellbauweise sind seit Jahrzehnten praxiserprobt und bewährt. Neueren Datums sind die Melkro-

boter. Sobald die Milch im Euter drückt, egal zu welcher Tages- oder Nacht-
zeit, begibt sich die Kuh zum Robomelker und weist sich mit dem
persönlichen Chip aus. Die Maschine reinigt die Euter, rüstet an, melkt vor,
setzt die Melkbecher an und entzieht die Milch, nicht ohne vorher die Kör-
pertemperatur gemessen und die Zellzahl in der Milch bestimmt zu haben.
Bei Abweichungen von der Norm, etwa bei Fieber oder einer Euterentzün-
dung, wird der Bauer alarmiert. Eine zu zellhaltige Milch wird in einen
Sondertank umgeleitet und nicht zum Verzehr gebracht. Diese ausgefeilte
Technik ist nicht widernatürlich, sondern nimmt im Gegenteil auf die natür-
lichen Bedürfnisse der Kuh Rücksicht. Diese müssen sich nicht mehr nach
dem Arbeitsrhythmus des Bauern richten, sondern können sich nach ihrem
Gusto melken lassen.

Wie die Trainer von Spitzensportlern werden die Milchbauern als Her-
denmanager bei den diffizilen Problemen der Hightech-Viehhaltung von
Wissenschaftlern und Ingieneuren mit immer neuen Ergebnissen unterstützt.
Ohne solche Hilfe wäre auch die HF-Zucht nicht mehr denkbar. Allein das
Auge des Bauern und die Erfahrung einer Körkommission reichen nicht
mehr aus um die besten Bullen herauszufinden.

Wer heute als Vererber zum Einsatz gelangt, entstammt einer gezielten
Paarung der besten Kühe mit einem ausgesuchten Elitebullen. Von den so
gezeugten Jungbullen werden nur die äußerlich tadellosen zum Testeinsatz
erkoren. Ist eine begrenzte Zahl von Erstkalbskühen von ihnen geschwän-
gert, gehen sie erst einmal in die Warteposition. Wenn ihre eigenen Töchter
das erste Kalb bekommen und die erste Laktation absolviert haben, sie
selbst also bereits fünf Jahre alt sind, wird ihr erster Erbwert ermittelt. Dazu
werden alle nur erreichbaren Informationen der Vorfahren, der verwandten
Seitenlinien, der Geschwister und der Nachkommen erwogen und mitein-
ander verrechnet. Dieser Datenwust ist nicht mehr mit Bleistift und
Rechenschieber zu bewältigen. Aber dafür gibt es ja Computer. Nur die Jahr-
gangsbesten, die unter Berücksichtigung aller Eventualitäten den höchsten
Zuchtfortschritt versprechen, dürfen als erbwertgeprüfte Bullen zur Vermehrung schreiten. Sie sind so wertvoll, dass sie dieses nicht mehr selbst
besorgen müssen. Das von ihnen gewonnene, kostbare Sperma wird, ver-
dünnt, portioniert und tiefgefroren, zu ihren Bräuten in alle Welt versendet.
Diese werden über die künstliche Besamung beglückt. Ein Spitzenvater kann
so ohne weiteres dreißig- bis vierzigtausend oder mehr Nachkommen zeugen. Er kann dies auch noch, wenn er selbst längst dahingeschieden ist.
Spermien halten sich nachweislich 40 und mehr Jahre, sofern sie in flüssigem Stickstoff konserviert werden. Dieses ist jedoch eher von biologisch
statistischer Bedeutung. In der Regel wird so ein Genjuwel in wenigen Jah-

ren vom Zuchtfortschritt überholt und von seinen Söhnen und Enkeln ins züchterische Abseits gestellt.

Normalerweise liegt die Verantwortung für die Rassenveredlung bei den Bullen, da eine Kuh Jahr für Jahr nur ein Kalb, selten derer zwei und nur in Ausnahmen drei zur Vermehrung der Population beisteuert. Das ist heute dank der Biotechnologie nicht mehr so. Bei der Creme de la Creme der Holstein-Friesian-Kühe werden die Eierstöcke hormonell so stimuliert, dass sich bis zu 30 Eizellen gleichzeitig zum Sprung bereit machen, um sich mit erlesenem Sperma zu Embryonen zu vereinigen. Nach einer Woche werden die Mehrlinge ausgespült, nach Geschlechtsbestimmung eventuell geteilt und Leihmüttern eingepflanzt. Diese tragen die zukünftigen Champions, mit denen sie nicht verwandt sind, problemlos aus. Damit kommen die HF-Kühe dem Traumnutztier aller Bauern sehr nahe, der eierlegenden Wollmilchsau.

Die Hightech-Kühe im Holstein-Friesian-Design haben von Amerika aus wie Coca Cola und McDonalds die ganze Welt erobert. Fast! Das einzige Land in Europa übrigens, in dem es keine organisierte HF-Zucht gibt, ist Norwegen. Das „Warum nicht" wäre das Thema einer weiteren Rindergeschichte. Sollte es jetzt, wo der Leser sich an der Erzählung hoffentlich erfreut, inzwischen anders sein, wäre dies eine weitere Episode in der Erfolgsstory der Holstein Friesian.

Jersey

THE ROYAL BUTTER COW

ZUM FRANZÖSISCHEN FRÜHSTÜCK gehört Kaffee in der großen henkellosen Tasse und in England hat der Tee um fünf Uhr den Rang eines Bürgerrechts. Beide Nationalgetränke werden komplettiert durch eine gehörige Portion Milch, die so cremig wie möglich sein muss. Die passenden Produzentinnen dieser Zutat grasen auf einer Insel, die vor der Küste Frankreichs gelegen, jedoch zu England gehörig ist: auf Jersey.

Die Jerseykühe verkörpern im Extrem das, was man einen Stoffwechsel-umsatztypen nennt. Die zierlichen 350 bis 400 Kilogramm leichten Kühe haben schlanke, trockene Beine und einen fein modellierten Kopf mit gro-ßen dunklen Augen. Kein überflüssiges Gramm Fett retuschiert die unter der dünnen Haut sicht- und fühlbare Anatomie. Nur ein geringer Teil des in rau-en Mengen aufgenommenen Futters wird für den eigenen Bedarf verstoffwechselt. Das Gros wird an das die Körpersilhouette dominierende Euter weitergeleitet und als sahnig gelbe Milch abgegeben. Jahresleistungen von mehr als dem 25-fachen des Körpergewichts sind dokumentiert. Rassetypisch sind aber die Inhaltsstoffe. Milch mit unter fünf Fettprozenten gilt bei den Jerseys als Magermilch, sechs Prozent ist der Durchschnitt, Spitzentiere geben mit zehn Prozent und mehr auch schon mal reine Sahne. Dies kann nur ein volldrüsiges, stark beadertes Euter leisten, das breit aufgehängt und mit einem kräftigen Mittelband versehen ist. Eine Milchdrüse wie aus dem Lehrbuch, mit einer gleichmäßigen Viertelverteilung und gut platzierten, mittellangen Strichen.

Die nur 1,20 Meter kleinen Milchmädchen sind recht frühreif. Ihr erstes Kalb bekommen sie mit zwei Jahren oder auch schon etwas früher. Das Becken ist so großzügig bemessen, dass auch Kreuzungskälber von Charolais und Limousin es passieren können. Für Reinzuchtkälber scheint es überdimensioniert, denn mit nur etwa 20 Kilogramm ähneln diese eher Rehkitzen als Ur-Urenkeln. Die Stierkälber, die nicht als Leistungsvererber vorgesehen waren, hatten früher keinen höheren Wert als Hähnchen in einer Legehennenbrüterei. Sie wurden zu Hühnerfutter verarbeitet. Die Ernährung der Zwerge gestaltete sich bei den Jerseys mit der gemeinhin als vortrefflich und gesund angesehenen Muttermilch oft problematisch. Die Milch ist durchfallfördernd, einfach zu fett. Aufzuchtsanleitungen der Kanalinsulaner empfahlen, dass sich die Jersey-Bambis mit einem Cocktail aus einem Drittel Wasser, einem Drittel Leinsamenschleim und nur einem Drittel Milch großhungern sollten. Entsprechend struppig sahen die Kleinen mit einem halben Jahr aus, wenn sie auf die saftigen Kleeauen entlassen wurden. Hier konnten sie sich zu properen Färsen auswachsen. Heute, in der Zeit der Magermilchpulver und der Nullaustauscher, ist die Aufzucht etwas einfacher.

Diese Supermilchrasse besitzt das in britischen Handelskreisen so begehrte Prädikat „By appointement of the Royal family". Schon King William IV. unterhielt im Park von Windsor eine Herde der zarten Milchspender, nicht etwa, weil sie farblich so vortrefflich zu den dort ebenfalls gehegten Hirschen passten, sondern um den Haushalt mit vorzüglicher Milch und Butter jederzeit frisch zu versorgen. Weil auch seine Nachfahrin Elisabeth II. an dieser Tradition festhält, braucht sie nie auf den Milchmann zu warten.

Die Jerseys sind kein original englisches Gewächs. Ihre Wurzeln sind in Asien und Afrika zu suchen. Einen ihrem Blutfarbstoff ähnlichen Typus findet man nur beim Hornvieh in diesen fremden Landen. Dass sie über Spanien, Portugal und Frankreich einwanderten, ist rekonstruierbar. Wann sie den langen Marsch auf die Insel im Kanal unternahmen, ist nicht überliefert.

Sicher ist, dass sie seit fast 250 Jahren ohne Blutzufuhr von außen auf Jersey reingezüchtet und ingezüchtet werden. 1763 wurde die Insel zur

Abwehr drohender Tierseuchen für Vieheinfuhren rigoros gesperrt. Einem ähnlichen Verdikt verdankt das Islandpony seine Reinzucht. Wenn schon nicht importiert werden durfte, so wurde kräftig exportiert, zur Freude und zum Schrecken der Handelsbilanzbuchhalter. Von der nur wenige Quadratmeilen großen Insel mit einer Gesamtmilchviehpopulation von sechs- bis siebentausend Kopf wurden zwischen 1868 und 1942 Exporte von 22 148 Kühen und 4 607 Bullen offiziell registriert. Die Schwarzverkäufe am Finanzamt vorbei müssen noch dazugezählt werden. Hauptabnehmer waren England, Amerika und Neuseeland, dessen riesige Milchviehherde zeitweilig zu über 80 Prozent aus Jerseys bestand.

Egal, in welche Regionen des Globus es die Jerseys verschlug, überall bewährten sie sich, sei es in Australien, Argentinien oder Armenien, Simbabwe, Sri Lanka oder Sulawesi. Meist verdienten sie sich ihren Lebensunterhalt mit Milchgeben, aber wenn gefordert, auch mit Gespannarbeit. Dies wird vom Dach der Welt berichtet, aus Nepal. Überall

etablierten sich Jerseyzuchtverbände, die das Zuchtziel den örtlichen Gegebenheiten anpassten. Von einem einheitlichen internationalen Standard kann schon lange nicht mehr gesprochen werden. Führende Jerseyzüchter in Europa sind die Dänen. Um 1900 importierten sie 5 000 Tiere, schlossen das Zuchtbuch und entwickeln seitdem ihre eigene Butterkuh. Inzwischen sind die skandinavischen Jerseys etwa 20 Zentimeter höher, 100 Kilogramm schwerer und geben etwa 1 000 Liter Milch mit etwa einem Prozent mehr Fett als ihre britischen Cousinen.

Über Dänemark gelangten die Jerseys zu Beginn der 60er auch in die deutschen Milchviehhaltungen. Sie wurden eingestellt, um in der Tankmilch die mageren Fettprozente ihrer schwarzbunten Stallgenossinnen zu kompensieren. Große Karriere machten sie im Osten Deutschlands, als es noch keine „Neuen Bundesländer" gab. Das von Prof. Schönmuth entworfene „Schwarzbunte Milchrind (SMR) der DDR" führte 12,5 bis 25 Prozent Jerseygene, was am zierlichen Exterieur und insbesondere an der Leistung des SMR zu erkennen ist. Aber auch Reinzuchtbetriebe behaupten sich bei uns. Ihre Milch ist aber zu schade für den homogenisierten, pasteurisierten und fettreduzierten Molkereieneinheitssaft. Sie haben ihre Marktnische in der Lieferung von Vorzugsmilch gefunden. Dies ist auch angemessen für eine Milchkuh mit königlichem Titel.

Maine Anjou

ROTBUNT! NA UND?

BEIM OBERFLÄCHLICHEN DURCHBLÄTTERN eines Kataloges der französischen Fleischrinderrassen ist man verleitet, die Rasse Maine Anjou unter der Kategorie „Rotbunt" als bekannt abzuhaken. Bei einer Reise an die Loire, mit den reizvollen Schlössern und trutzigen Burgen an ihren Ufern, sollte der Tierzüchter auch einen Blick auf das rotbunte Weidevieh werfen. Doch vor Irrtümern sei gewarnt. Was aus der Distanz wie eine Herde ausgemästeter Ochsen erscheint, entpuppt sich bei näherem Hinsehen als Gruppe von klotzigen Jungrindern der Rasse Maine Anjou!

Hervorgegangen ist die Rasse aus dem Mancelle-Rind, einem Dreinutzungsschlag im Westen Frankreichs, aus dem Departement Maine Anjou. Zur Verbesserung der Arbeitsleistung wurden Mitte des vorigen Jahrhunderts in diesen Landschlag englische Durham-Shorthorns eingekreuzt. Dieses Verfahren brachte eine stattliche Erweiterung des Rahmens mit sich, aber die Milchleistung drohte zu versiegen. Zum Wiederauffüllen der Euter wurden um 1900 Rotbunte aus Holland und Deutschland eingesetzt. Da die Maine Anjou aber nie die Milchleistung des rotbunten Niederungsviehs erreichten, trennte man sich 1960 vom gemeinsamen Zuchtverband. Fortan förderte man gezielt die eigentlichen Qualitäten der Rasse: die Fähigkeit, auch bei schlechter Futtergrundlage ausgezeichnetes Fleisch in großer Menge zu bilden.

Heute sind die Maine Anjou die französische Fleischrasse mit der höchsten täglichen Gewichtszunahme. Bei staatlich kontrollierten Feld- oder besser gesagt Weidevergleichen ließen sie mit einer Zunahme von durchschnittlich 1,4 Kilogramm so weltberühmte Konkurrenten wie Charolais oder Limousin hinter sich. Die rotgescheckten Riesen erreichen in eineinhalb Jahren auch bei einem Futter zweiter oder dritter Qualität 15 und mehr Zentner, woraus ein Schlachtkörper von rund 400 Kilogramm gewonnen wird. Deckbullen der Zukunft, mit Kraftfutter auf den Prüfstationen aufgepäppelt, haben mit einem Jahr sogar schon 600 Kilogramm Körpermasse aufgebaut. Bis sie voll ausgewachsen sind, kann aber noch gut eine Tonne dazukommen. So repräsentierte der Bulle „Dakar" mit 1 675 Kilogramm Lebendgewicht recht eindrucksvoll seine Rasse auf der SIA, der Landwirtschaftsmesse in Paris. Nicht nur die männlichen, auch die weiblichen Maine-Anjou-Nachkommen sind recht frohwüchsig und frühreif. Mit 20 bis 24 Monaten können sie gedeckt werden, sodass weit vor ihrem dritten Geburtstag mit dem ersten Kalb zu rechnen ist, bei dem ein Geburtsgewicht von etwa 50 Kilogramm erwartet werden kann. Doppellender kommen vor. Aber anders als bei den weißblauen Verwandten aus Belgien, wird dies von den Franzosen nicht besonders gefördert. Es wird dagegen selektiert, damit der Geburtsverlauf möglichst leicht ist. Sollte es bei der Geburt Probleme geben, liegt es wahrscheinlich daran, dass zwei Kälber gleichzeitig ans Licht der Welt drängen. Jede zwanzigste Maine-Anjou-Abkalbung ist eine Zwillingsgeburt. Das ist häufiger als bei jeder anderen Rasse. Dabei ist die Sorge unbegründet, dass die Mutter nicht genug Nahrung für das rasante Wachstum von zwei Zöglingen bereitstellen kann. Annähernd 3 000 Kilogramm kontrollierte Milch in neun Monaten sollte ausreichen.

Amerikaner und Russen, trotz damaligen kalten Krieges in ungewohnter Eintracht, hatten schon vor einigen Jahren die Vorzüge der rotweißen Franzosen für sich entdeckt. So standen lange Zeit Maine-Anjou-Bullen mit großem Erfolg im Dienste sowohl der kapitalistischen als auch der sozialistischen Fleischproduktion. In England wurden in letzter Zeit die Shorthorns modernisiert und züchterisch wieder auf den neuesten Stand gebracht. Diese klassische Fleischrasse, die so vielen anderen Rindviechern um die Jahrhundertwende auf die Sprünge geholfen hat, verlor immer größere Marktanteile. Sie war und ist für den neuzeitlichen Rinderviertelhandel zu knapp im Rahmen und neigt bei etwas gehaltvollerer Fütterung dazu, hoffnungslos zu verfetten. Fast alle heutigen Beef-Shorthornbullen von Bedeutung führen jetzt mehr oder weniger viel französisches Blut von der Loire in ihren Stammbäumen.

Vielleicht sind sie in naher Zukunft auch für Deutschland interessant. So etwa, wenn sich der Red-Holstein-Trend in der Rotbuntzucht weiter durchsetzt. Voraussichtlich werden die Züchter in Westfalen und Holstein die Erfahrung ihrer Kollegen aus der Schwarzbunt- und Braunviehzucht teilen, dass die Milchmenge ihrer Kühe durch die Amerikaner zwar steigt, die rotbunte Färbung der Bullenkälber für die Mäster aber kein Qualitätszeichen mehr darstellt. Das könnte die Stunde der Maine Anjou werden.

Santa Gertrudis

EUROPÄISCH-ASIATISCHE KOMBINATION AUF AMERIKANISCH

TEXAS, der südwestlichste Bundesstaat der Vereinigten Staaten von Amerika, wurde bis in die ersten Jahrzehnte dieses Jahrhunderts von den Rinderzüchtern beherrscht. Heute haben diese Rolle, wie wir von den Fernsehserien „Dallas" und „Denver" wissen, die Ölbarone übernommen. Auf ihren ausgedehnten, nicht mehr in Hektar, sondern nur noch in Quadratmeilen gemesssenen Ranches weideten riesige Rinderherden, um den wachsenden Fleischbedarf der Yankees zu stillen. Zuchtstämme waren Fleischrassen aus der guten alten europäischen Heimat wie Aberdeen Angus, Shorthorn oder Hereford. In guten, das heißt dortzulande in regenreichen Jahren, waren die Mastergebnisse bei der gebräuchlichen Extensivhaltung erstklassig, jedoch litten die Europäer in den üblichen trockenen Dürrejahren oft so extrem, dass ganze Herden dahingerafft wurden.

    Einer der Größten unter den Rinderfürsten, – nomen est omen – Richard King, ließ zu Beginn dieses Jahrhunderts auf seiner Ranch verschiedene Kreuzungsversuche unternehmen, um die klimatische Toleranz seiner über 4 000 Kopf zählenden Shorthornherde zu verbessern. Verwendung fanden unter anderem Brahmans, aus verschiedenen indischen Rassen erzüchtete amerikanische Zebus, die zwar in ihrer Mastleistung den europäischen Vettern unterlegen waren, aber keinerlei Probleme mit der Hitze und der Dürre hatten, wie man es bei ihren Ahnen vom südasiatischen Subkontinent auch nicht anders erwarten sollte. Diese Brahmann-Shorthorn-Kreuzungen waren, bezogen auf Futterverwertung und Widerstandsfähigkeit, das Beste, was jemals auf der King's Ranch weidete.

Nach zehnjähriger gezielter Weiterzucht und Rückkreuzung mit Shorthorn hatte Robert Kleberg, Verwalter und Zuchtleiter des Betriebes, sein Zuchtziel lebend vor sich, den Bullen „Monkey". Er stammte von einem 7/8-Brahmanbullen und einer Shorthornkuh, die 1/16 Brahmanblut in sich führte. Der fuchsrote Bulle von großem Rahmen mit gerader Kruppe und ausgeprägter Bemuskelung der wertbestimmenden Partien ohne deutliche Zebumerkmale, wie abgesetzter Buckel, extreme Wamme und lang ausgezogener Präputialfalte, stellt auch heute noch das Idealbild der Santa Gertrudis dar. An die asiatischen Vorfahren erinnert die zum Hitzeausgleich notwendige große Hautoberfläche, wie sie an der starken Fältelung der Halshaut deutlich wird.

Mit „Monkey" ging man von den Versuchspaarungen und Gebrauchskreuzungen über zur Linienzucht. Als unumschränkter Dynastiegründer hinterließ er nach neun Jahren Regentschaft im Jahre 1932 über 150 Söhne,

die der Zucht für würdig befunden wurden. Die Santa-Gertrudis-Zucht blieb lange Zeit auf die King's Ranch beschränkt. Bullen wurden zwar verkauft, jedoch keine weiblichen Nachkommen der exklusiven „Monkey"-Linie. Erst 1950, nach strenger staatlicher Überprüfung und mit offizieller Anerkennung als neue reine Mastrasse, fanden die ersten Ab-Hof-Verkäufe im großen, texastypischen Stile statt. Die Resonanz war rekordverdächtig. Inzwischen hatte sich herumgesprochen, dass sich die buckeligen Tiere im roten Gewand nicht nur bei Dürre und Hitze bewährten, sondern sich auch in gemäßigten Klimaten vorzüglich entwickelten. Tägliche Zunahmen von weit über einem Kilo ergeben ein 365-Tage-Gewicht von annähernd zehn Zentnern, was bei ausschließlicher Extensivhaltung nicht nur bei den Experten respektabel ist. Für Zuchttiere wurden bei diesen Auktionen schon damals Preise von bis zu 40 000 $ gezahlt, und damals war der Wechselkurs noch sehr viel anders.

Inzwischen werden die Santa Gertrudis in 45 Ländern, vornehmlich in Mittel- und Südamerika, planmäßig gezüchtet. Noch mehr betätigen sich reinrassige Santa-Gertrudis-Bullen in undefinierbaren Fleischherden als Remontierungshelfer. Ihre Halbbluttöchter genießen einen erstklassigen Ruf als Mütter. Diese Kunde ist erstaunlicherweise bisher kaum über den Atlantik bis nach Europa gedrungen

Die Schaffung der Santa Gertrudis beweist, dass die Texaner zwar vorzüglich in der Rassekunde bewandert sind, aber, wie die Namensgebung zeigt, kaum in der Heiligengeschichte. Das Areal der King's Ranch war ursprünglich ein Geschenk der spanischen Krone an die ersten iberischen Siedler. Diese frommen Ackerbauern weihten das Land der heiligen Gertrud von Nuvelles. Sie gilt als Schutzheilige der Feldfrüchte und ist damit eher für den Ackerbau als für die Viehzucht zuständig.

Murray Grey

GRAUER FLEISCHBERG VOM FÜNFTEN KONTINENT

TIERZUCHT IN AUSTRALIEN, dabei denkt man unwillkürlich an Schafe, Schafe und noch mal Schafe. Begünstigt durch Klima, Vegetation und Bodenverhältnisse haben die „Aussies" in ihrer nun erst 200-jährigen Geschichte mit den Wolltieren Beachtliches geleistet. Als Produzenten und Exporteure von Schaffleisch und Wolle der Spitzenqualität sind sie unumstritten die Nr. 1 in der Welt. Auch in der Rindviehzucht und in der Kreierung neuer Fleischrinder sind sie zwar auf der Rückseite der Erde, aber bestimmt nicht hinter dem Mond. Ein Beleg dafür sind die Murray Grey.

Im Südwesten Australiens in New South Wales auf der Thologolong Farm wurde 1905 von einer hellgestromten Shorthornkuh aus der Paarung mit einem schwarzen Aberdeen-Angus-Bullen ein wunderschönes, kräftiges Kalb geboren. Seine Haut war schwarz pigmentiert und die Haare darüber hellbeigegrau. Die Black-and-white-Kombination verlieh dem Fell einen

metallischen Glanz. So entzückend war dieses züchterische Zufallsprodukt, dass die Paarung mehrfach wiederholt wurde. Alle zwölf so gezogenen Kälber glichen im Aussehen dem Erstgeborenen. Was zunächst als kuriose Farbspielerei der Natur ästhetisch begeisterte, erwies sich bald auch als ökonomisch interessant. Die Grauen vereinten in sich ideal die Vorzüge der beiden Ausgangsrassen, übertrafen sie sogar. So wünschte man sich die Heterosis. Sie waren frohwüchsig, frühreif und fruchtbar wie die Shorthorn und hatten den Rahmen, die Genügsamkeit und nicht zu vergessen die angeborene Hornlosigkeit der Aberdeen Angus. Als weiteres Erbe der kohlschwarzen Ahnen waren die Abkalbungen problemlos. Nicht nur die Fleischfülle (Bullen zirka 950 Kilogramm, Kühe zirka 750 Kilogramm), auch die Fleischqualität war vorzüglich. Es lohnte sich daher für den Besitzer der Herde, Mr. Gadd, diese Mutante, die er „Murray Grey" taufte, ernsthaft züchterisch zu bearbeiten. Bei der Namensgebung stand der Fluss Murray Pate, die Lebensader der fruchtbaren Südweststaaten Australiens. Auch bei wiederholten Rückkreuzungen mit reinen Aberdeen Angus, was zur Vergrößerung der Stammherde nötig war, blieb die geschätzte graue, metallisch glänzende Farbe erhalten. In den folgenden 50 Jahren gewannen die „Greys" zunächst lokal zunehmend an Bedeutung. Dies nicht zuletzt wegen ihres angenehm ruhigen Temperaments und ihrer problemlosen Anpassungsfähigkeit an alle nur denkbaren Klimate. Endgültig als neue Rasse etabliert wurden sie 1962 mit der Gründung der australischen „Murray Grey Beef Cattle Society".

In Tasmanien wurden 1937 aus einer vergleichbaren Shorthorn/Aberdeen-Angus-Kreuzung ebenfalls metallic graue Tiere gezogen. Sie stellen heute eine eigene Linie dar, die Tasmanian Greys, die sich aber in ihren Rasseeigenschaften nicht von den Murray Greys unterscheiden.

Commonwealthweit und damit weltweit bekannt wurde die Zucht 1967, als auf der Smithfield Show in England drei importierte Schlachtkörper von Murray-Grey-Bullen bei einem Vergleichswettbewerb überlegen die ersten drei Plätze belegten. Sie gewannen Gold, Silber und Bronze in Konkurrenz mit den bekannten britischen Fleischrinderrassen und mit Zuchtprodukten aus dem gesamten damaligen Commonwealth. Überzeugenderes ist kaum denkbar. Inzwischen werden die grauen Australier planmäßig und mit Erfolg in den USA, Südafrika und Neuseeland gezüchtet, und eine weitere Verbreitung ist wegen der vorzüglichen Fleischqualität abzusehen. „A Booming Beef Breed", jubelte unlängst die Fachpresse. Der Trend hat sich inzwischen in England durchgesetzt. Vieh von „down under" macht inzwischen dort dem einheimischen die Weiden streitig.

In Deutschland sind die Greys bisher noch Raritäten. Was hier an gräulichen Rindern und Bullen anzutreffen ist, entstammt meist einem unkontrollierten und undefinierbaren Rassenmischmasch. Dabei bekommen die Gene Gelegenheit, nach allen Regeln eines Gregor Mendel für bunte Herden zu sorgen. Das geübte Auge sucht aber vergeblich bei diesem Cocktailvieh nach dem ausgewogenen Körperbau der Australier und spätestens in der Küche wird klar, dass es keine Murray Greys sind.

Piemonteser

KNACKIGES KRAFTEI

PIEMONT, die Region auf der Rückseite des italienischen Stiefelstulpens an der Grenze zu Frankreich und der Schweiz, ist berühmt für seine besonders knackigen Produkte. Knackig sind die Kirschen, die in Weinbrand getränkt und mit Schokolade umhüllt nicht nur „mon", sondern auch „votre cherie" sind. Knackig sind die rassigen Sportflitzer aus den Autoschmieden in Turin und ganz besonders knackig sind die Rinder des Landstriches, die Piemonteser.

Bullen mit einer Schulterhöhe von etwa 1,40 Meter und Kühe mit 1,30 Meter sind nicht gerade die größten Rindviecher. Ihre inneren Werte sind aber mehr als überragend. Ein „tipo della coscia", Träger der in der Rasse geförderten Gene für Doppellendigkeit, wiegt mit einem Jahr etwa 400 Kilogramm oder mehr. Er liefert dann einen Schlachtkörper von gut 300 Kilogramm. Davon sind nur etwa 40 Kilogramm Suppenknochen und nur ganze fünf Kilogramm Talg. Der Rest ist Fleisch der feinsten Kategorie. Die

Muskelpakete sind beim Piemonteser so gleichmäßig verteilt, dass bei der bei uns gebräuchlichen Vierteilung des Ganzen auch die Käufer eines Vorderviertels nicht übervorteilt werden.

Kein Wunder daher, dass die Piemonteser neben den schwarzbunten und den braunen Milchkühen die drittstärkste Rinderpopulation Italiens stellen. Die Rasse ist eine ausgewogene Legierung dreier Zuchtrichtungen. Von den französischen und Schweizer Almen kamen die Höhenviehschläge als Basis ins Piemont. Sie brachten die Bodenständigkeit mit. Die grauen Steppenrinder vom Balkan, die Podolen, brachten neben dem soliden Gangwerk und der Zugkraft auch die attraktive graue Farbe mit. Und schließlich sollen Zebus aus dem fernen Indien den Typus abgerundet haben. Indiz dafür sind die gespaltenen Dornfortsätze der letzten zwei bis drei Brustwirbel, was für „Bos indicus" typisch ist.

Die anfänglichen Allrounder für Arbeit, Milch und Fleisch stellten zunächst die schweißtreibende Plackerei vor Pflug und Wagen ein und ihre Milch verwenden die Piemonteser Kühe seit über zwanzig Jahren nur noch zur Ernährung ihrer Kälber. Bei den grauen Norditalienern ist die Tragzeit überdurchschnittlich lang. Die Kleinen lassen sich etwa eine Woche länger Zeit, bevor sie ans Licht der Welt drängen. Sie tragen dann noch ein rotbraunes Vlies. Mit drei bis vier Monaten werden sie grauweiß, wenn sie das

Gros der 3 000 Liter Milch verzehrt haben, die „la Mama" pro Laktation für sie bereit hält. Vielleicht färbt die Milch ab? Mehr als jedes zweite Kalb ist doppellendig bemuskelt oder hat zumindest die Erbanlagen dazu. Dennoch sind die Geburtsprobleme bei den Piemontesern nicht so gravierend, wie bei den anderen Rassen mit der gleichen Genkonstellation.

Diese Eigenschaft hat die holländischen Tierzüchter veranlasst, zur Befleischung ihrer Milchmeisjes die Latin Lover zu importieren. Allerdings wurden die Gastarbeiter einer strengen Prüfung unterzogen, nicht nur im Interesse der Metzger in Bezug auf Schlachtkörpereigenschaften, sondern auch im Interesse der Bauern in Bezug auf Geburtsproblematik und Verhalten der Kälber am Nuckeleimer. Die „Zizzi"-Söhne „Gil" und „Elvio" und die drei „L"-Bullen „Lurio", „Lillo" und „Lido" verfügten über die gewünschten Passereigenschaften. Eingesetzt in Milchviehherden, auch schon in der Färsenvornutzung, brachten ihre Bambinos um 10 bis 15 Prozent höhere Zunahmen und endlich eine im Mittel um zwei Stufen bessere „E-U-R-O-P-A"-Klassifizierung als die reinrassigen „Buttjes". Folgerichtig war in Holland zeitweilig mehr als Dreiviertel des Einkreuzungsspermas von Piemontesern.

Die Reporte aus dem Land der Polder brachten auch die deutschen Zuchtverbände auf den Piemonteresgeschmack. Mitte der achtziger Jahre wurde intensiv fast flächendeckend Sperma der Bullen mit den grauen Schläfen eingesetzt. Die Epigonen ließen es allerdings oft an der notwendigen Vorprüfung fehlen. Die deutschen Bauern bekamen so die Möglichkeit, ihre Fähigkeiten in der Bewältigung von Schwergeburten zu vervollkommnen. Waren die Kälber dann mit viel Schweiß und Schleim geboren, ließen sie sich oft trotz Chemie und guter Worte nicht davon überzeugen, dass ein Gummisauger am Nuckeleimer ein Ersatz für Mutters Zitzenquartett ist. So sammelte manche gelernte Bäuerin Erfahrung in der Zwangsernährung von Kälbern. Die Karriere der knackigen Krafteier mit den dunklen Brillen in deutschen Landen war dementsprechend nicht unbedingt durchschlagend und von Dauer. Der Masse der Verbraucher hier bleibt vorläufig als knackiger Genuss aus dem Piemont weiterhin nur die Kirsche.

Uckermärker

BRATENLIEFERANT NEUESTER BAUART

„DER MENSCH LEBT NICHT VOM BROT ALLEIN" und nur von der Sättigungsbeilage schon gar nicht. Das mussten auch die Planlandwirtschaftler in der ehemaligen DDR erkennen. In Ost wie in West verlangen die Massen nach etwas Herzhaftem. In deutschen Landen steht dafür der saftige Sonntagsbraten, der auch mal an einem Werktag mundet. Die systematische Versorgung der Arbeiter und Bauern östlich der Elbe mit wohlschmeckendem Fleisch sicherten seit Beginn der siebziger Jahre Bullen vom Genotyp 67. Sie sind das Produkt eines wissenschaftlichen Großversuchs im Osten anno 1972, das heute als Rasse der Uckermärker bundesweit für Furore sorgt.

Das SMR, das schwarzbunte Milchrind der DDR, ist eine andere gelungene züchterische Kreation der Akademie der Wissenschaften. Die kleinen, enorm milchstarken Kühe hatten die gewohnten Schlangen vor den HO-Läden drastisch reduziert. Milch, Butter und Käse gab es dank ihrer

RINDER
ZUR
SONNE
ZUR
FREIHEIT

Leistungen für die Kader stets in Hülle und Fülle. Die volkseigenen SMRer waren aber absolute Euterspezialistinnen. Nach Erfüllung des Fünfjahresplanes reichten ihre abgemolkenen Schlachtkörper gerade einmal für eine klare Rinderbrühe. Einen ordentlichen Braten gaben sie nicht her. Selbst ihre männlichen Nachkommen, mit viel Mais und Fleiß gemästet, erfüllten nicht die Verbrauchserwartungen der Werktätigen. Den Tierzüchtern fiel die Aufgabe zu, das sozialistische Rindfleisch vom Schuhsohlenimage zu befreien. Das allwöchentliche Familienessen sollte nicht mehr nur der Versorgung mit tierischem Eiweiß dienen, sondern zum tierischen Genuss werden. Gefahndet wurde nach fleischbepackten Vatertieren, die mit den hageren, milchfixierten LPG-Schwarzbunten Kinder zeugen würden, die in den Mastkombinaten auch ohne Anabolika olympiareife Muskelmassen entwickelten. Kandidaten aus aller Herren Länder wurden examiniert, Aberdeen Angus aus Schottland, Charolais aus Frankreich, Piemonteser aus Italien, Weißblaue aus Belgien und Fleckvieh aus der Heimat. Um die optimale Passerrasse zum SMR zu ermitteln, wurden alle Kombinationen auf Herz und Nieren geprüft. Vom Geburtsverlauf über die täglichen Zunahmen, den Futterumsatz und die Gesundheit bis hin zum Schlachtgewicht, der Ausbeute und letztendlich der Fleischqualität wurden alle nur denkbaren Kriterien sorgfältig gemessen und gewichtet.

Das Ergebnis war eindeutig, aber doch überraschend. Die besten Nachkommen hatten nicht die reinen Verteter der international renommierten Rassen. Spitzenklasse waren die Bullen vom Gut Westenbrügge. Dort grasten Kreuzungen von Fleckvieh mit Charolais, die von den Praktikern Fleischfleckvieh, offiziell „Genotyp 67" genannt wurden. Diese Titulierung, die sich so grausig technisch anhört, entspringt der planwirtschaftlichen Phantasie. In der Datenverarbeitung der DDR waren alle Nutztierrassen numerisch codiert. Die Rasse Limousin zum Beispiel war Genotyp 05, Fleckvieh GT 06 und Charolais GT 07. Nach dieser Logik mussten die Mecklenburger Superkracher Genotyp 67 heißen. Im Phänotyp waren sie teils charolaisähnlich beigegrau, teils weißköpfig mit heller Scheckung, wie beim Fleckvieh typisch.

Neben Gut Westerbrügge in Alt Karin bei Doberan wurde auf Gut Criewen bei Frankfurt/Oder eine zweite Stammherde der vollfleischigen 67er-Mutterkühe kaserniert. In diesen Zuchthochburgen wurde von Generation zu Generation peinlich auf die Fifty-fifty-Verteilung der deutschen und französchischen Blutanteile geachtet. Die erbwertgeprüften Bullen von dort kamen republikweit in den SMR-Herden zum Einsatz. Sie versprachen flächendeckend gut bestückte Braträhren.

Nach 1990, dem Jahr der Wende, der Wiedervereinigung oder des Anschlusses, je nach Standpunkt, drohte auch dem Genotyp 67 die Abwicklung. Als Gebrauchskreuzung eingestuft, verloren die kostbaren Zuchttiere den Schutz des bundesdeutschen Tierzuchtgesetzes. Die stattliche Herde in Alt Karin wurde bereits 1990/91 liquidiert. Dieses trieb engagierte Züchter und erfahrene Mäster auf die Barrikaden. Sie wollten auf die zigfach bewährten und bestätigten Fleischlieferanten nicht verzichten. Die völlige Vernichtung des wertvollen Erbes verhinderten sie, indem sie flugs die Rasseanerkennung der verbliebenen Tiere auf Gut Criewen organisierten. 1992 war dies geschafft. Auf der Grünen Woche in Berlin sollte die neue Rasse vorgestellt werden. Es fehlte nur noch ein passender Name. Zwar können Kombinationen von Ziffern zum Markenbegriff werden, wie „911" bei den Autos oder „4711" unter den Duftwässern, aber ob „GT 67" eine vergleichbare Karriere beim Vieh vergönnt sein würde, bezweifelten die Neuzuchtverbandsoberen wohl zu Recht. Sie wählten die Uckermark, die Region des Gutes Criewen, zum Paten, als das Kind für eine glorreiche Zukunft getauft wurde.

Die Premiere der Uckermärker vor einem internationalen Publikum unter dem Berliner Funkturm war ein voller Erfolg. Seither präsentieren sie Jahr für Jahr immer neue Leistungsrekorde. Aktuell warten sie mit einer täglichen Zunahme um die 1 300 Gramm auf. Damit erreichen sie am 210. Tag über 300 Kilogramm. Mit einem Jahr überschreiten sie die 10-Zentner-Marke deutlich. Die stattlichen Mütter wiegen 800 Kilogramm plus minus 50 Kilogramm. Die auch in Kreuzungen Leichtkalbigkeit garantierenden Bullen werden mit bis zu 1,3 Tonnen ins Zuchtbuch eingetragen. Solche Uckermärker garantieren allen Bundesbürgern, alt wie neu, auf Dauer einen saftigen Sonntagsbraten.

Scottish Highland Cattle

ROTE SCHÖNHEIT AUS DEM HOCHLAND

ES WAR EINMAL ein kleines Bauernmädchen mit leuchtend roten Haaren, das fristete ein kärgliches Dasein in einem der abgelegensten Winkel dieser Erde. Eines Tages entdeckte ein Prinz, den die Moorhuhnjagd in diese wilde Gegend verschlagen hatte, die ländliche Schönheit. Er war so entzückt von ihr, dass er sie mitnahm auf sein Schloss. Reiche Freunde des Prinzen verliebten sich in den Rotschopf und luden das Mädchen ein in viele fremde Länder mitzukommen. Da es so bescheiden war, fand es sich überall zurecht. Schließlich machte das Mädchen mit den roten Haaren sein Glück als begehrtes Fotomodell und da es nicht gestorben ist, wird dies auch so bleiben. Dieses Märchen, das einer Hedwig Courths-Mahler als Vorlage für einen ihrer rührseligen Romane hätte dienen können oder den Stoff für einen melodramatischen Hollywoodschinken hergibt, ist die wahre Geschichte des Schottischen Hochlandrindes.

Die Highlands nördlich von Edinburgh und Glasgow sind wirklich die raueste Region Europas. Hier leben heißt für Mensch und noch mehr für das Vieh in erster Linie überleben. Die Landschaft ist geprägt von Heide, Mooren und Sümpfen mit kleinen Krüppelgehölzen, unterbrochen von steinigen Hügeln, auf denen struppige Sträucher mühsam Halt suchen. Ein Haustier, das auf dieser Futtergrundlage von Binsen, Weidenblättern und Erika noch den Namen „Nutztier" verdient, muss schon von ganz besonderer Art sein. Vor allem muss es über solides Schuhwerk in Form harter Klauen verfügen. Bei diesem Pflanzenangebot sind weite Wanderungen nötig, um sich den Pansen zu füllen.

Hinzu kommt ein spezielles Klima. Das Tief über Schottland, und gemeint ist damit immer das Hochland, ist auf der Wetterkarte obligatorisch. Es bedeutet Regen oder Schnee, Nebel und eine konstant steife Brise. Eine Umwelt nur für Leute, für die es kein schlechtes Wetter gibt, sondern allenfalls unpassende Kleidung. Die passende tragen die einheimischen Rindviecher. Ihre langen festen Deckhaare lassen jede Art von Niederschlag abperlen und das dichte mehrlagige Unterhaar schützt auch bei Eiseskälte und Gegenwind.

Die Wurzeln der kleinen Highlander – die Kühe messen knapp über einen Meter und die Bullen sind kaum größer – liegen im Dunkeln. Waren es die Kelten, die die Ureltern mit sich führten? Oder trafen sie bereits auf die Ahnen, als sie in den ersten Jahrhunderten unserer Zeitrechnung nach Schottland vordrangen oder, richtiger ausgedrückt, verdrängt wurden? Wie bei anderen extremen und zudem noch alten Haustierrassen ranken sich Mythen und Sagen um die Entstehungsgeschichte, die oft so schön und spannend sind, das allein der Versuch einer wissenschaftlichen Prüfung strafbar wäre. Man denke nur an die Geschichte des Vollblutarabers. Einerlei welcher Herkunft, tragen die Highland Cattle den Regionshinweis in ihrem Namen mehr als zu Recht. Sie sind echte Schotten. Das dortige Klima und die Vegetation haben sie hart selektiert und über viele Generationen geprägt.

Die Highlander sind weder als Ein-, Zwei- noch als Dreinutzungsrasse zu kategorisieren. Je nach Bedarf wurden sie zum Ackern eingespannt, zum Fahren eingejocht, zum Reiten gesattelt oder zur Matratzenherstellung geschoren. Die eine oder andere Gallone Milch wurde von ihnen ermolken oder sie kultivierten die mageren Äcker, indem sie mit dem Maul Unkraut jäteten und mit der Rückseite düngten. Besonders in den letzten Jahrzehnten wurden sie im Dienste der Bratenproduktion mit etwas stattlicheren Rassen gekreuzt. Die reinblütigen Robusties haben zwar selbst ein vorzüglich leckeres Fleisch, hochprämiert auf der Smithfieldshow, bevor ein Bulle jedoch mit 500 bis 600 Kilogramm Lebendgewicht schlachtreif ist, hat er das gesetzte Mannesalter von wenigstens drei, oft sogar fünf Jahren erreicht.

Auch die Kühe brauchen wie guter Whiskey eine lange Zeit zur Reifung. Sie erleben erst im vierten Lebensjahr zum ersten Mal die Mutterfreuden. Die Geburt der kleinen roten Strubbelköpfe ist für sie dann allerdings auch ein Kinderspiel. Die Spätstarterinnen haben aber Durchstehvermögen. Sie bleiben lange fruchtbar. Fünfzehn und mehr registrierte Abkalbungen sind keine presseverwertbare Sensation.

Die Leistungen sind für eine Robustrasse recht respektabel. Im Vergleich zu denen der übrigen etwa zwei Dutzend britischen Rinderrassen nehmen sie sich allerdings sehr bescheiden aus. Sie können auch nicht den Prince of Wales vor einigen Generationen bewogen haben, im Park von Schloss Sandringham eine Herde Highland Cattle zu etablieren. Es war gewiss die besondere Attraktivität der schottischen Rotzotteln, die ihn reizte. Das lange, meist rote, oft auch beige, schwarze oder gestromte Fell, der die Augen überwuchernde Schopf zwischen den mächtigen, weit ausgeschwungenen Hörnern und die alerte Haltung verleihen ihnen einen eigentümlichen, rauen Charme.

Dem waren wohl auch die Amerikaner erlegen, als sie die Roten über den großen Teich holten. Sie begannen aber schon bald, die Beatle-Beauties größer, schwerer und damit ökonomisch profitabler zu gestalten. Bei denen müsste eine Brigitte Bardot nicht nur eine gute Hausfrau sein, sondern auch noch Olympiasiegerin im Kugelstoßen.

Nach Auskunft des Verbandes deutscher Highlandzüchter von 1983 kamen die ersten Zuchttiere erst 1978 nach Deutschland, wo inzwischen die aktive Zuchtpopulation vielköpfiger ist als im Mutterland. Das ist aber nur die halbe Geschichte hierzulande. Als in den dreißiger Jahren die Gebrüder Heck in den Zoos von München und Berlin sich daran machten, den Auerochsen zu rekonstruieren, durfte in ihrer Rezeptur ein kräftiger Schuss Highlandblut nicht fehlen. Ur-igeres gibt es nicht. Während die „Ur-macherei" nur mäßig erfolgreich war, sind seitdem in fast jedem deutschen Tiergarten, der auf sich hält, neben Löwe, Kamel und Pavian Hochlandrinder bewunderte Schaustücke.

Nicht so sehr von der Landliebe lebende Bauern, sondern eher das Landleben liebende Bürger, meist wohlsituiert, hegen und pflegen heute die harten Highlander. Ihnen ist ein auf eigenen Weiden langsam gewachsenes, zart marmoriertes Filet gegönnt. Sie sollten aber aus den imposanten Rasenmähern keine Wirtschaftsviecher machen, sondern sie als das betrachten und belassen, was sie sind: exotische Schönheiten aus dem schottischen Hochland.

Deutsch Angus

BEEFSTEAK MADE IN GERMANY

SEIT 1945 HAT UNSERE KULTUR einige Errungenschaften von jenseits des großen Teichs assimiliert. Neben Coca Cola und dem Kaugummi bescherte die Neue Welt unserer Welt des Sauerbratens und des Kassler Rippenspeers auch das kurzgebratene Rindfleisch, das Steak. Die hiesigen „Carnivoren" mussten allerdings schnell feststellen, dass ein echtes Rumpsteak mehr ist als nur eine dicke Scheibe des gewöhnlichen Rinderbratens, die in der Pfanne beidseitig kurz gegart wird. Vieles, was da so anfänglich serviert wurde, war eher als Schuhsohle denn als Gaumenfreude geeignet. Den heimischen rot- oder schwarzbunten, braunen, gelben oder gefleckten Zweinutzungsrassen traute man es nicht zu, das geeignete Ausgangsmaterial für ein original amerikanisches Barbecue zu liefern. Also importierte man reine Fleischrassen. Besonders beliebt waren, weil von klassisch legendärem Ruf, die Aberdeen Angus Rinder. Die Bullenmäster waren aber doch einigermaßen enttäuscht von dem nur mittleren Rahmen der

„Lütten Schwatten". Diese waren es von zu Hause aus gewohnt, ihre Roast-
beefs ausschließlich auf der Weide wachsen zu lassen. Bei der hier
gebräuchlichen Intensivfütterung mit Maissilage, Quetschgetreide und Sojaschrot neigten sie zu einer extremen Verfettung. Die Metzger wunderten
sich oft, wie die kurzbeinigen Fettklopse das Schlachthaus erreichen konnten, ohne vorher einen Herzanfall zu erleiden. Sie weigerten sich, solche
Tiere für die eigene Ladentheke zu schlachten. Der Verbraucherbedarf an
Talgmassen mit 50 Prozent Fleischanteil war einfach zu gering. Diese ver-
fahrene Situation ließ die Tierzüchter nicht ruhen. 1956 wurde der
Grundstein gelegt für ein Fleischrind deutscher Provenience, für die Deutsch
Angus.

Die schwarzen Schotten aus Aberdeen bildeten die solide Basis. Sie
brachten ihre Frühreife und Anpassungsfähigkeit mit. Dazu waren sie
arbeitserleichternd leichtkalbend und, nicht zu vergessen, gefahrenmindernd
hornlos. Der Rahmen wurde erweitert und die Bodenfreiheit erhöht durch
die Rot- und Schwarzbunten aus den norddeutschen Niederungen. Diese
pumpten zudem die Euter mit jeder Menge Milch auf. Fleck- und Gelbvieh
von den süddeutschen Höhen polsterten die Neuschöpfung mit Fleisch-
paketen aus und stellten sie auf ein solides Fundament. Diese
Gebrauchskreuzungen fanden begeisterte Abnehmer.

Allerdings reicht es nicht, allein Rassen mit exquisiten Eigenschaften zu
kombinieren, um auf Dauer etwas Gutes zu züchten, das Passende für jede

Region, jeden Standort, jede Betriebsform und für jeden Geschmack zur Verfügung zu stellen. Da die Zucht der Deutsch Angus weder staatlich initiiert noch reglementiert war, sondern von Beginn an in den Händen von Praktikern aus der Mutterkuhhaltung lag, gibt es für jeden Bedarf den maßgeschneiderten Typus. Zuerst ist da der schwere Schlag mit Bullen von bis zu 24 Zentnern und passenden Kühen mit etwa 14 Zentnern, die in der Intensivmast mit allen großrahmigen Fleischrassen konkurrieren können. Dann gibt es den mittleren Typus mit Bullen von 20 und Kühen von etwa zwölf Zentnern Gewicht, der ideal ist für die Direktvermarktung als „Babybeef vom Biohof", und schließlich den leichten Schlag mit 18 respektive elf Zentnern Masse, der erstklassiges Fleisch auch auf minderen Standorten unter schwierigen Bedingungen anzusetzen vermag. Gleich ist bei allen drei Varietäten die beinharte Selektion.

Kühe, die nicht mit knapp zwei Jahren zum ersten Mal kalben, womöglich Hilfestellung dabei benötigen oder nicht genug Milch aus dem Weidegras in ihren Eutern bereitstellen, sodass ihre Kälber nicht täglich etwa ein Kilogramm zunehmen und am Ende der Grassaison ihrem Halter nicht 300 bis 400 Kilogramm Nachwuchs präsentieren können, verdienen nicht den Titel Zuchtrind. Zuchtbullenbewerber müssen als Grundvoraussetzung das erwünschte Walzenexterieur mit Betonung der Hinterhand zeigen, die berühmte birnenförmige Anguskeule, bevor sie zur Eigenleistungsprüfung auf eine unabhängige Station dürfen. Hier müssen sie bei kontrollierter Fütterung täglich wenigstens 1 200 Gramm zunehmen und dabei keine offensichtliche Neigung zur Verfettung zeigen. Hornlos müssen sie auch sein und nach Möglichkeit einfarbig schwarz, rot, braun oder grau. Wenn die sonstigen inneren Eigenschaften tadellos sind, werden weiße Flecken oder Abzeichen geflissentlich übersehen. Es gilt, analog zum guten Reitpferd, eine gute Mutterkuh hat keine Farbe. Wer von den Aspiranten sich im Test als wenig umgänglich oder gar als ausgemachter Rüpel erweist, ist gleich durchgefallen und fliegt raus. Er kommt an den Haken und wird zu dem verarbeitet, was man überall auf der Welt unter erstklassigem Beef versteht.

Seit es die Deutsch Angus gibt, kennen Feinschmecker auch ein reelles Beefsteak made in Germany und nicht nur das à la Meyer, was nichts anderes ist als eine warme Frikadelle, gekrönt von einem Spiegelei.

Schwarzbunte

KÜSTENKLASSIKER

JEDER URLAUBER an Nord- oder Ostsee kennt den Risikofaktor, das Küstenklima. Sommer und Winter sind alljährlich nur von kurzer Dauer und das für die jeweilige Jahreszeit typische Wetter ist äußerst rar. Zweidrittel des Jahres beansprucht die Übergangszeit. Sie ist gekennzeichnet durch Nieselregen, Nebel und Wind über satten grünen Weiden, wenn sie nicht gerade vom „Blanken Hans" bedeckt sind, der nur mäßig durch die Deiche unter Kontrolle gehalten wird. Unter solchen Bedingungen heißt Landwirtschaft betreiben Vieh züchten. Schon in der Antike waren die hervorragenden Rindviecher der nordeuropäischen Küstenniederungen berühmt und geschätzt wegen ihres Milchreichtums. Im klassischen Rom war einer ihrer PR-Manager der umtriebige Reiseschriftsteller Tacitus.

Bei ihm waren sie aber beileibe nicht immer ausschließlich schwarzbunt. Bis in das 19. Jahrhundert hinein war es eine bunte Mischung, die auf den Marschen weidete. Es gab einfarbig Rote, Schwarze, Gelbe und Falben.

Dazwischen grasten Rot- oder Schwarzgescheckte, Gestromte oder Stichel-haarige. Einerlei von welcher Farbe und Zeichnung, war allen gemeinsam eine phänomenale Milchergiebigkeit und eine respektable Mastfähigkeit. Sie repräsentierten den gefragten Zweinutzungstyp in allererster Güte. Der gute Leumund der Zuchttiere weckte auch in weiter entfernten Gebieten ein leb-haftes Kaufinteresse. Deren Befriedigung war für den sprichwörtlichen Wohlstand der Marschenbauern verantwortlich. Die weitgereisten Käufer wollten, wenn sie schon so tief in die Taschen greifen mussten, zumindest sicher sein, dass sie abstammungsreine, unvermischte Küstenkühe erwarben. Schon in der „guten alten Zeit" waren die Menschen nicht unbedingt auf-richtig und ohne Arglist. Neben den Rosstäuschern gab es auch die Kuhtäuscher. Die heute gebräuchlichen, computerverwalteten, blutfaktoren-bestimmten und chromosomenanalysierten Abstammungsnachweise waren noch nicht entwickelt. Einigermaßen sichere Gewähr für ein sauberes Pedi-gree bot damals, selbstverständlich neben Treu und Glauben, allein die Fellfärbung und deren Zeichnung, das Schwarzbunte.

Schwarzbunt heißt nicht lediglich schwarzweiß gescheckt oder weiß mit schwarzen Platten. Selbst alte, eingefleischte Schwarzbuntzüchter haben heute Probleme, exakt zu beschreiben, wie damals die Fellzeichnung ihrer Kühe und Bullen sein sollte, ja musste.

Die Grundfarbe ist reinweiß. Sie muss sichtbar sein an den Beinen von den Sprunggelenken respektive Fußwurzelgelenken abwärts einschließlich der Klauen. Ebenso zwingend muss sie zu sehen sein am Euter oder Hoden-sack und an der Schwanzquaste. An all diesen Stellen sind nicht einmal schwarze Flecken oder Tupfen erlaubt. Scharf abgesetzt schwarz, ohne mit weißen Haaren durchsetzt zu sein, müssen der Kopf und der Hals sein. Aller-dings sind Stirnabzeichen wie Stern, Flocke oder Blesse zulässig. Am Rumpf sind unterschiedlich große, flächige Flecken erwünscht, die sich über den Rücken von einer zur anderen Seite erstrecken sollen. Im Idealfall ist die Sei-tenansicht der Kuh dreigeteilt in schwarzes Vorder- und Hinterviertel mit einem breiten Sattel in der Mitte.

Diese so kompliziert und formalistisch anmutende Musterung wurde strikt gefordert, weil sie nur in der Reinzucht aufrechtzuerhalten ist. Jegliche Einkreuzung einer anderen der damals geläufigen Rassen führt zum Verlust der typischen Zeichnung, auch über Generationen hinweg. Einfarbige „Ver-edler", einerlei ob rot, schwarz, weiß oder grau, verdrängen die rezessive Scheckung. Die Herefords aus England und das Fleckvieh aus dem Simmen-tal vererben ihre weißen Köpfe dominant und die früher so begehrten Shorthorns hellen die schwarzen Flächen mit ihren Stichelhaaren auf. Kein Wunder, dass die Viehaufkäufer, von wo auch immer sie kamen, nur Kälber

im klassischen Schwarzbuntkleid auf ihre oft langen Heimreisen mitnahmen. Risikofreiheit hat seinen Preis. Für die sichtbar Reinrassigen wurde über-durchschnittlich gut bezahlt. Die nicht vorschriftsmäßig Kolorierten blieben als Ladenhüter in den Ställen zurück, wurden von der Zucht ausgeschlossen und verschwanden zur Mitte des 19. Jahrhunderts fast völlig von den Wei-den hinter den Deichen.

Fast ein Jahrhundert lang verkörperten die Niederungschwarzbunten das Ideal des Zweinutzungsrindes. Von Flandern über Friesland und Holstein bis nach Ostpreußen kreierte jede Region ihren eigenen Typus und darin jeder Landstrich seinen eigenen Schlag in Black and White. Die Unterschiede haben heute nicht einmal mehr akademische, kaum noch historische Bedeu-tung. Gemeinsam war allen neben der schwarzbunten Färbung, dass Bullen und Rinder, nicht zu vergessen die Ochsen, bei ordentlichem Futter erst-klassige Sauerbraten und Rouladen lieferten und die Kühe jede Menge Milch gaben. So gab die Kuh „Gertrud" in einem Jahr 13 819 Liter Milch mit 4,44 Prozent Fett. Das ergibt 613 Kilogramm Butter, was dem Körpergewicht der

Spenderin entspricht. Dieser Weltrekord wurde, fast unglaublich, aber wahr, schon 1930 aufgestellt. Dass Schwarzbunte keine Eintagsfliegen sind, bewies damals die Kuh „Lotte" aus Stade. In 20 Jahren gebar sie 15 Kälber und gab nebenbei noch 116 000 Kilogramm Milch, die Füllung eines mittleren Swimmingpools.

Bis in die sechziger Jahre waren deutsche Schwarzbunte die Nummer eins im Norden. Ins Abseits gedrängt wurden sie vom Pabst. Nicht von dem in Rom, sondern von dem aus Kanada, dem Bullen „Pabst Ideal". Er war der erste Holstein-Friesian-Bulle in Deutschland. Die Vettern aus den Staaten traten zur Verdrängungskreuzung an mit überwältigendem Erfolg. Heute hört man in unseren Ställen kaum noch ein „Muuuh", sondern nur noch ein „Mooow". Gäbe es nicht als Erbe der ehemaligen DDR einige stattliche Schwarzbuntherden, die in weiser Voraussicht als Genreserve HF-frei gehalten wurden, hinge das Schicksal der Rasse von einer Handvoll Enthusiasten ab, die sich unbeirrt der Zucht des schwarzbunten Niederungsrindes im Zweinutzungstyp verschrieben haben, des Klassikers von der Küste.

Rotbunte

STARKE MINDERHEIT

DEUTSCHLAND isst heute scheinbar international und multikulturell. Eine Vielzahl von Restaurants, auch auf dem platten Land, haben dafür gesorgt, dass für uns die Küchen Chinas, Italiens, Frankreichs, des Balkans oder des nahen und ferneren Ostens kaum noch exotisch anmuten. Begriffe wie Baby Pangang, Souflaki, Scaloppine oder Entrecote können wir zwar kaum aussprechen, sind uns vom Geschmack her aber durchaus vertraut. Diese Köstlichkeiten haben uns die Erfahrung vermittelt, wie vielfältig die Zubereitungsarten für Rindfleisch sind. Der französische Maître de Cuisine und insbesondere die englische Kitchenmaid sind allerdings für ihre Hausmannskost auf Edelstücke aus der Fleischertheke angewiesen. Dagegen kann die deutsche Köchin etwas sparsamer sein. Sie hat es immer verstanden, auch aus oft nur unterdurchschnittlichen Fleischstücken leckere Spezialitäten zu zaubern. Man denke nur an die Rouladen, den Sauerbraten oder den deftigen Eintopf. Bedarf für spezielle Mastrinderrassen gab es daher lange Zeit in deutschen Landen nicht. Die klassischen Kühe bei uns standen bis in die siebziger Jahre hinein im Zweinutzungstyp. Paradestück dieser Zuchtrichtung ist die Rotbunte, präziser das Rotbunte Niederungsrind.

Trotz zunehmender Holsteinfriesierung lassen die Rotbunten die bewährten Formen erkennen. Bullen mit über 25 wuchtigen Zentnern, zusammen mit 14 bis 15 Zentner schweren Kühen versprechen wahre Wonneproppen von Kälbern, die respektable 1 300 Gramm Tag für Tag zunehmen: Daten, die jeder spezialisierten Fleischrasse zu Anerkennung und Ehre gereichen würden. Genauso gut darf man sie zu den auf Milch, Butter und Käse geeichten Rassen zählen. Mit im Schnitt 6 000 Kilogramm Milch in 305 Tagen rentiert sich ein Boxenlaufstall mit Doppelsechser-Fischgrätmelkstand auch bei den Rotbunten. Diese Rasseleistung erreicht Jahr für Jahr neue Rekordhöhen, ohne dass eine Limitierung abzusehen ist. Bereits vor hundert Jahren wurden vereinzelt 8 000 Liter offiziell registriert. „Die Rotbunten sind die vorzüglichste Kombination von Fleisch und Milch!", sagt die FAO und die Welternährungsorganisation muss es schließlich wissen.

Bis 1934 gab es rotbunte Dithmarscher, rotbunte Wilstermarscher, rotbunte Breitenburger, rotbunte Westfalen, rotbunte Ostfriesen, rotbunte Südoldenburger und „was weiß ich" für Rotbunte. Dann wurde ein gemeinsamer Dachverband gegründet und die züchterische Arbeit eher koordiniert als vereinheitlicht. Unterschiede haben sich bis heute erhalten. Die vom Niederrhein und aus Schleswig-Holstein erscheinen schwerer, fleischbetonter, während die Westfalen, Ostfriesen und Oldenburger eher schärfer, milchorientierter sind.

Die Zuchtgebiete der Rotbunten sind, wenn auch nicht deckungsgleich, so doch häufig überschneidend mit denen der Schwarzbunten. Die Schwarzen stellen die Mehrheit und die Roten die Minderheit, zugegebenermaßen eine sehr starke. Das darf nicht weiter überraschen, denn im Genpool des Flachlandviehs ist neben dem dominanten schwarzen auch das rote Erbmerkmal vertreten, allerdings rezessiv. Daraus ergibt sich, dass Rotbunte für dieses Merkmal reinerbig sind, während Schwarzbunte auch mischerbig sein können. Diese werden Rotfaktorträger genannt.

Kreuzt man zwei solcher schwarzbunten „under cover"-Roten untereinander, wird ein Viertel ihrer Kälber reinerbig rotbunt sein. Verpaart mit einem Rotbunten ist sogar die Hälfte ihrer Kälber rot. Die andere sieht zwar schwarzbunt aus, hält aber den Rotfaktor in sich verborgen. Soweit hätte Gregor Mendel seine helle Freude an den Rindviechern, denn dies entspricht präzise den Erwartungen, die sich aus seinen an Erbsenblüten gefundenen Erbregeln ergeben. Leider halten sich nicht alle Rinder an diese

Gesetze. Der eine oder andere Rotbuntzüchter, der aus der Schwarzbuntregion ein ausgemendeltes rotes Kalb ersteigerte, musste zusehen, wie seine Erwerbung mit zunehmendem Alter an Röte verlor. Mit etwa einem Jahr sah sie mit Ausnahme eines rötlichen Aalstriches aus wie eine klassische Schwarzbunte. Zur Ehrenrettung des Verkäufers sei festgestellt, dass dieser sein Kalb nicht nach alter Kuhtäuschermanier mit Zinnober übergossen hatte. Das Tier ist Träger des „Black-Red"-Faktors, eines anderen rezessiven Gens, das unabhängig vom gängigen Rotfaktor als Allel zu Schwarz vererbt wird. Es wird auch „Telstar-Gen" genannt nach dem US-Bullen, dem wir in Europa diese Farbverwirrung verdanken.

Damit ist die Konfusion aber noch nicht zu Ende. 1980 wurde in den USA teils zur Freude, teils zum Entsetzen der Wissenschaft das rotbunte Kuhkalb „Rosebell" geboren. Der Vater „Sheik" hat über 20 000, allerdings nur schwarzbunte Nachkommen, scheint folglich reinerbig schwarz zu sein und auch im Pedigree der Mutter war keine Spur eines Rotfaktors zu finden. Die spontanen Zweifel der Fachleute an der einwandfreien Herkunft von „Rosebell" wurden durch die Blutgruppenanalyse zerstreut. Da sie sich außerdem zu einer exorbitanten Milchkuh entwickelte, wurde sie nebenbei zum begehrten Forschungsobjekt. In Kombination mit verschiedenen HF-Spitzenbullen mit und ohne Rotfaktor gebar sie rote und schwarze Kälber. Das Farbresultat jeder Paarung war jedoch unvorhersehbar. Daher geht die Fachwelt von einer neuen Rotmutante mit dominanter Durchschlagskraft aus. In Deutschland wurden „Rosebell's" Nachkommen bisher noch nicht eingesetzt. Tierzuchtstudenten dürfen beruhigt sein. Sie müssen sich auch weiterhin nur merken, dass die Rotbunten eine starke Minderheit sind.

Galloway

MODISCHES RAUBEIN FÜR DIE MITTELKLASSE

EINE KUH MACHT MUH, viele Kühe machen Mühe!" Dies ist für alteingesessene Bauern eine Binsenweisheit. Neu war sie offenbar für viele Neubauern in den siebziger und achtziger Jahren, die sich vornehmlich aus dem gehobenen Mittelstand rekrutierten. Damals waren viele Ärzte, Juristen, Journalisten oder Manager auf dem Aussteigertrip. Sie drängten aus den Städten aufs Land und erwarben unzählige mehr oder weniger große Klein- und Kleinsthöfe. Die hatte der mittlerweile so richtig ins Rollen geratene Strukturwandel in der Landwirtschaft freigesetzt. Er zwang viele Hofbesitzer in die Rolle des Mondscheinbauern, wie die Nebenerwerbslandwirte spöttisch genannt werden, oder gar zur gänzlichen Aufgabe von Ackerbau und Viehzucht. Die Neueinsteigerbauern mit den weißen Hemden waren mit den modernen, pflegeintensiven Hochleistungskühen überfordert. Das ihnen adäquate Vieh weidete in den Bergen Südwestschottlands, die Galloways.

Für die Schotten sind die Galloways ein uraltes keltisches Erbstück, das mit den weniger als kargen Hochlandbedingungen problemlos fertig wird. Hauptaufgabe der ungehörnten Wuscheltiere mit der dicken Schwanzquaste ist es, die verkrauteten Weiden für die gewinnträchtigeren Schafe zu präparieren. Mit ihrem breiten Maul beseitigen sie Binsen, Quecken, Weiden und andere Gewächse, die von den schwarzgesichtigen Wolltieren verschmäht werden oder für diese unbekömmlich sind. Den Galloways war in dieser Region, wo der Penny noch zählt, ihr Arbeitsplatz sicher. Ausgaben für Kost und Logis fallen bei den nimmersatten Beikrautvernichtern nicht an. Als Extra liefern sie eine beträchtliche Menge Fleisch, das selbst verwöhnteste Gourmets zu Lobeshymnen verleitet. Diese Fleischqualität übertragen die reinblütigen Gallowaykühe auch auf die ihrer Nachkommen, die einem Seitensprung mit weißen Shorthornstieren entsprossen. Diese Mischlinge sind auch außerhalb der schottischen Grenzen in ganz England unter dem Namen „Blue Grey" als Mutterkühe wohlgeschätzt. Über viele Jahrzehnte sicherte die Produktion solcher Blauschimmel das Überleben der schwarzgelockten Hochländer – bis die Deutschen kamen.

Die Entdeckung der rauhbeinigen Südwestler für die teutonischen Mager-, Nebenerwerbs- und Pferdeweiden löste bei den Galloways eine Nachfrage aus, die mit „Boom" nur unvollständig beschrieben wird. Die ersten Importeure von Galloways mussten sehr lange warten, bis sie das erste saftige, feinmarmorierte Steak von ihren Neuerwerbungen kosten konnten. Sobald ihre ersten Nachzuchten, dem mütterlichen Euter entwöhnt, in die Nähe der Schlachtreife rückten, hagelte es schon lukrative Angebote von Kaufinteressenten. In der Warteschlange standen vor-, hinter- und nebeneinander Hobbybauern, Freizeitcowboys, Gutshoferben und Pferdehalter, alle, die für den üppig wuchernden Grasteppich auf ihren Ländereien eigentlich keine betriebsinterne Verwendung hatten. Die Preise für die bescheidenen Hochlandwiederkäuer kletterten in astronomische Höhen. Die Beschicker der Auktionen in Castle Douglas schüttelten zwar verständnislos die kantigen Häupter, rieben sich aber gleichzeitig die knorrigen Hände, dankbar für den warmen Geldregen aus dem fernen Germany. Jedes Geld wurde gezahlt, wenn die Tiere nur eine gewisse Ähnlichkeit mit den begehrten Galloways hatten. Favorisiert war die Farbe Schwarz (black) mit dem typischen Rostschimmer auf den Locken. Gern genommen wurde aber auch „dun", ein schmutziges Graubraun, oder „white" mit den schwarzen Puschelohren. Ästheten wählten „belted", schwarz mit einer breiten weißen Bauchbinde.

Nach kurzer Zeit gab es in Deutschland mehr Galloways als in ihrer ursprünglichen Heimat. Seit 1985 führen sie die Rassenstatistik der offiziell registrierten bundesdeutschen Fleischrinderherden an. Das Verzeichnis der Herdenbesitzer liest sich wie ein „Who is who". Die meisten von ihnen führen wenigstens einen Doktoren- oder Professorentitel, wenn es nicht gerade ein Baron, Graf oder gar ein Prinz ist. Dabei drohte die Rasse durch die Mode zu verkommen. Es wurde, nicht erstaunlich bei den Preisen, eher vermehrt als gezüchtet. Selektion wurde bei den Galloways zum Fremdwort.

Der unaufhaltsam erscheinende Triumphzug der Galloways in Deutschland wurde jäh gebremst durch drei Buchstaben: BSE, die Abkürzung der unaussprechlichen bovinen spongiformen Encephalopathie. Eine ähnliche Gehirnkrankheit ist im Vereinigten Königreich seit Jahrhunderten unter Schafen bekannt unter dem Namen Traberkrankheit. Sie trat ab 1986 auch bei Kühen auf, was von Journalisten salopp mit „Rinderwahnsinn" überschrieben wurde. Der Wahnsinn liegt allerdings woanders. Wahrscheinlich verantwortlich für das sich anbahnende Drama war unsachgemäß aufgearbeitetes Tierkörpermehl, das die Briten unter Missachtung der Wiederkäuerphysiologie als Eiweißlieferant auch dem Kraftfutter für Rinder beimischten. Paradoxerweise waren die einzigen in Deutschland registrierten

Opfer Galloways und Highlands, Robustrinder, die auf jegliche Konzentrat-
fütterung gut verzichten können. Sie verdankten die Unheil bringenden
Futtergaben dem bereits erwähnten Modetrend, der diese rauhen Perlen der
Tierzucht eben auch in ahnungslose, von jeglicher Sach- und Fachkenntnis
ungetrübte Hände gebracht hatte. Diese verlangten, zu jeder Jahreszeit ras-
seuntypisch abgedrehte, pummelige Rundlinge in England kaufen zu können. Entsprechend dieser Nachfrage kredenzten die Züchter ihren
exportorientierten Schützlingen in den mageren Wintermonaten die schäd-
lichen Mahlzeiten. Daneben glaubten einige anglophile Pseudoviehzüchter,
in englische Tweedhosen und englische Wachsjacken gewandet, englischen
Whiskey im Glas und englischen Tabak in der englischen Pfeife, dass für ihre
englischen Rinder nur englisches Kraftfutter geeignet sei, das sie in ihren
englischen Geländewagen über den Kanal brachten. Ein Irrtum, der den
deutschen Rindfleischmarkt in seinen Grundfesten erschütterte.

Letztendlich aber wird dieser von den Medien begeistert geschürte und
in der Verbraucherreaktion an Hysterie grenzende Skandal den Galloways
zum Nutzen gereichen. Alle Trendfolger und Modejünger ziehen sich aus
der einst so schicken Tierhaltung zurück und es bleiben nur die wahren, ver-
antwortungsbewussten Enthusiasten, die ihre Galloways kennen und schätzen, genau wissen, was denen gut tut und sie deshalb art- und rassegemäß
halten. Bei diesen echten Freunden haben die Mutterkühe mit dem wusche-
ligen, schwarzen Pony aus dem Norden eine neue Heimat nun auch auf
Dauer gefunden. Sie nutzen hier Grenzstandorte, düngen Brachland, weiden
Pferdewiesen nach, pflegen Landschaftsschutzgebiete und ermöglichen es
schließlich dem deutschen Feinschmecker, sich mit gesund gewachsenem
Rindfleisch zu verwöhnen.

Blanc Bleu Belge

RIND IM RUBENSTYP

Ü**PPIGE KÖRPERLICHE FÜLLE** schätzen die Belgier seit eh und je. Die Bilder ihres Landsmannes Peter Paul Rubens belegen dies mehr als plastisch. In seiner Darstellung des Raubes der Sabinerinnen müssen die Römer ganz schön wuchten, um ihre dralle weibliche Beute auf die Rösser zu hieven. In der belgischen Tierzucht zeigt sich diese historische Vorliebe besonders deutlich. Man betrachte nur die kolossalen Kaltblutpferden aus Brabant beim Oktoberfestumzug und die schinkenstrotzenden Schweine aus dem Dörfchen Pietrain, die in den letzten 20 Jahren die ganze Welt eroberten. Unter den Fleischrinderrassen stellen sie die „Schwarzeneggers", die muskelmodellierten Weißblauen Belgier.

In der Mitte des vorigen Jahrhunderts graste auf den Weiden in Flandern und Wallonien ein buntes Sammelsurium von Rindviechern. Über sie gab es wohl nichts Herausragendes zu berichten, denn sie finden in der frühen Tierzuchtliteratur kaum Erwähnung. Je nach lokalen Marktgegebenheiten oder nach Gusto der Besitzer wurden holländische Schwarzbunte, englische Shorthorns oder französische Charolais mehr oder weniger planlos eingekreuzt.

Um 1900 machte der Staat diesen wilden Zuchtversuchen ein Ende. Er schuf eine Körordnung und legte Zuchtbücher für sechs Rinderschläge an, die sich zwischenzeitlich herauskristallisiert hatten. Einer davon war die Rasse von Mittel- und Oberbelgien (Moyenne et Haute Belgique), eine Zweinutzungsrasse mit besonderer Betonung der Fleischbildung. Leicht konnten Magerviehaufkäufer die Belgier von den stärker milchbetonten schwarzbunten Verwandten aus den Marschgebieten Hollands, Frieslands und Holsteins unterscheiden. Bei ihnen waren die schwarzen Flecken mit weißen Stichelhaaren blau durchsetzt, das „roan"-Erbe der Shorthorns. Bis heute sind von den drei in der Rasse auftretenden Farbvarianten die schwarzbunten Muskelberge weniger beliebt als die weißblauen oder reinweißen Typen.

Noch in den siebziger Jahren waren die Weißblauen an der Füllung des EU-Milchsees beteiligt. Inzwischen haben die Belgier die Milchproduktion fast ausschließlich den Holstein-Friesen überlassen und konzentrieren sich mit den Einheimischen auf die Magerfleischerzeugung. Dies tun sie im wahrsten Sinne des Wortes mit riesigem Erfolg. Unangefochten sind die Weißblauen die fleischreichste Mastrasse der Welt. Ausgemästet mit 14 bis 18 Monaten wiegen die zirka 1,50 Meter großen belgischen Bodybuilder 600 Kilogramm bis 1,5 Tonnen. Von diesen 1 500 Kilogramm Lebendgewicht sind nüchtern betrachtet gut 70 Prozent Ausschlachtung. Während allein diese Leistungen die Konkurrenz vor Neid erblassen lässt, treibt ihr die Qualität der massigen Schlachtkörper das Wasser in die Augen. Der Querschnitt an der sechsten Rippe weist 70 Prozent schieres Fleisch, weniger als 13 Prozent Fett und nur 17 Prozent Knochen auf. Um solche Muskelfülle zu erreichen wird in der belgischen Zucht die Doppellendigkeit gezielt gefördert. Fachmännisch ausgedrückt eine Hypertrophie, allgemeinverständlich eine übernormale Ausbildung der Schulter- und insbesondere der Becken- und Oberschenkelmuskulatur.

Die mit diesem Erbmerkmal oft kombinierte Unfruchtbarkeit der Tiere haben die Züchter offenbar unter Kontrolle. Jahr für Jahr werden etwa eine halbe Million Kälber dieser Rasse geboren, selten allerdings auf natürlichem Wege. Mehr als die Hälfte der mit ungefähr zwei Jahren zum ersten Mal kalbenden Rinder bedürfen der kundigen Hand des Chirurgen. Selbst noch bei mehr als 20 Prozent der zum wiederholten Mal gebärenden Kühe erblicken die Kälber über die Flanke das Licht der Welt. Der Kaiserschnitt, von Landwirten gemeinhin als mittlere Katastrophe und als erster Schritt in den ver-

meintlichen Ruin empfunden, ist für die Witblauw-Züchter notwendige Selbstverständlichkeit geworden. Sie verfahren nach dem Prinzip „in dubio pro sectio". Bei einer Geburtshilfe wird nicht viel Zeit vertan mit einem oft vergeblichen, aber um so gewaltsameren Auszugsversuch. So wird die Gesundheit der Kuh und das Leben der kleinen Muskelprotze geschont. Nur zwei Prozent Verluste bei der Geburt sprechen für sich. Da ein Kalb dieses Typs „Viandeux" beim Verkauf etwa dreimal so viel wie ein „normales" schwarzbuntes Kalb erlöst, ist das Honorar für den Tierarzt immer dabei über. Auch für den Kälberkäufer lohnt es sich. Bei Mastende werden die Tiere, eine belgische Besonderheit, nach Lebendgewicht abgerechnet. Die doppellendigen Weißblauen erzielen dabei 60 bis 70 Prozent höhere Preise als ihre Vettern im Zweinutzungstyp. So bleibt die Reinzucht eine belgische Domäne.

Zentrum der Zucht ist die Station Ciney, wo die Superbullen ihr Examen ablegen müssen, damit sie ihre Gene per Tiefgefriersperma an die nächste Generation weitergeben dürfen. Die Prüfung ist schwer. Mit 13 Monaten müssen annähernd 600 Kilogramm auf die Waage gebracht werden, das Stockmaß darf nicht unter 1,25 Meter einrasten und der Kraftfutterverbrauch pro Kilogramm Zuwachs darf nur knapp sechs Kilo betragen. Leistungen, die nur von einem Blanc Bleu Belge (BBB) der allerbesten Sorte zu erbringen sind.

Ergebnislisten des BBB-Verbandes weckten auch im Ausland Appetit auf die Fleischpakete. Bullensperma, versehen mit den Erbmerkmalen für relative Leichtkalbigkeit, ging von Ciney aus in aller Herren Länder, um Mutterkühen aller Rassen und Schattierungen zu superstarken Kälbern zu verhelfen.

Überall sind diese Fleischentwicklungshelfer die bewunderten Stars auf Landwirtschaftsausstellungen. Ein DLG-Besucher, der diese Kolosse in Hannover, Frankfurt oder Köln bestaunt hat, wird wissend schmunzeln, wenn er in der Boulevardzeitung unter der Rubrik „Bekanntschaften" vor einer Telefonnummer den Hinweis „Rubensmodell" liest.

White Park Cattle

ALTENGLISCHER NICHTSNUTZ

E IN RIND DARF SICH WIE SCHWEIN, Schaf oder Ziege landwirtschaftliches Nutztier nennen, wobei die klassische Tierzucht zwischen einseitig spezialisiert genutztem Fleisch- und Milchvieh unterscheidet. Sie kennt aber auch Zwei-, Drei- oder noch Mehrnutzungstypen. Eine Rinderrasse allerdings trägt diese Zusatzbezeichnung mit der gleichen Berechtigung, wie etwa der Mops, die Perserkatze oder das Hermelinzwergkaninchen sie tragen würden: das White Park Cattle, das englische Parkrind. Sein einziger Nutzen besteht nämlich darin, allein durch seine Existenz dem Menschen Freude und Erbauung zu schenken.

Prototyp dieser Rasse sind die wilden weißen Rinder, die im Park von Chilligham in Northumberland weiden, und das schon nachweislich seit mehr als 750 Jahren. Damals, 1220, wurden die 120 Hektar des Parks eingezäunt. Fortan waren alle dort wohnenden Tiere von ihren Spezeln in den umliegenden Forsten und Weiden isoliert. Zu den Abgesperrten zählten auch weiße Rindviecher, die zufällig in den Wäldern dort hausten. Sie waren Hinterlassenschaften der römischen Besatzer und streunten überall auf den Britischen Inseln herum. Die Ähnlichkeit der Parkrinder mit den zeitgenössischen italienischen Rassen, wie Chianina, Marchigiana, Romagnola und besonders mit den ebenfalls halbwilden Maremmas, ist so augenfällig, dass man jede andere Erklärung ihrer Abstammung leider ins Land der Fabeln verweisen muss. Diese besagt, dass keltische Druiden, Kollegen des uns aus der Comicliteratur bekannten Miraculix, weiße Mutanten des zu jener Zeit noch in England heimischen Auerochsen als vortreffliche Opfertiere ansahen und sie für besondere religiöse Anlässe in parkähnlichen Anlagen hegten. Seit der mittelalterlichen Verkopplungsaktion leben die Wildlinge in Chillingham, mehr oder weniger nur sich selbst, der Inzucht und Naturselektion überlassen, in den Tag und in die Jahrhunderte hinein. Nur hin und wieder trug eine hochherrschaftliche Jagdgesellschaft zur Bestandsregulierung bei.

Die Abschottung von Fremdeinflüssen faszinierte den Naturforscher Charles Darwin. Den hatten die unterschiedlich entwickelten Schnabelformen der Galapagosfinken, die er auf die Isoliertheit der Inseln zurückführte, zu seiner Evolutionstheorie inspiriert. In die britische Heimat zurückgekehrt setzte er seine Studien zur Entstehung der Arten fort, indem er die fast ewig von Fremdblut freie Chillinghamherde von 1862-1899 einer Langzeitstudie unterzog. Die Veröffentlichungen von Darwin sorgten im 19. Jahrhundert für Furore und waren Thema an den Kaminen der Oberschicht. So gab mancher Earl, Duke und Lord der Öffentlichkeit kund und zu wissen, dass weiße wilde Kühe auch auf ihren Latifundien grasen, weitestgehend im Verborgenen seit längstvergessenen Zeiten oder doch wenigstens so

weit die Familienchroniken zurückreichen. Auf diese Weise wurden die Cadzowherde in Schottland oder die Charterleyherde in Staffordshire bekannt. Die Großgrundbesitzer, die auf ihren ausgedehnten Ländereien unter dem Wild keine Kühe mit roten oder schwarzen Ohren und vereinzelten Pigmentflecken ausmachen konnten, setzten umgehend der aufkeimenden Mode folgend auf ihren Besitzungen Rinder aus. Da nicht genug Tiere der Rasse White Park so rasch zur Verfügung standen, durften es auch Abkömmlinge anderer urtümlicher Rassen sein wie Welsh Black, Galloway, Highland oder Longhorn. Um im Trend zu bleiben wurde diesen Parkmeuten ein reinblütiger weißer Bulle beigesellt. Diese vererbten an ihre Nachkommen dominant ihr Farbkleid, sodass die Herden bald wenigstens zeitgemäß aussahen. Da sich der Zeitgeist seinem Wesen nach sehr schnell wandelt, wurden die meisten der Herden nach kurzer, manchmal auch erst nach etwas längerer Zeit wieder aufgelöst oder verlagert. Der Weg so mancher Herde in den letzten hundert Jahren gleicht einem Reiseplan durch sämtliche englischen Grafschaften.

In einem 1918 gegründeten Verband für White Park Cattle organisierten sich neun gehörnte und sechs ungehörnte Parkherden, allerdings ohne die Chillinghams. Die hatten stets einen Sonderstatus außerhalb des Verbandes. Der Versuch, den dekorativen, robusten Rindern auch ökonomische Attribute in der Folgezeit zu verleihen, war lobenswert, aber nur mäßig erfolgreich. Nur von wahren Rasseenthusiasten wurden White-Park-Bullen bei ihren Mutterkühen eingesetzt, allerdings mit durchaus stattlichem Erfolg.

Heute werden die Parkrinder vom Rare Breed Survival Trust betreut, dem britischen Verband zum Erhalt bedrohter Haustierrassen. Er führt die Zuchtbücher und macht die heute unentbehrlichen Public Relations. Außerdem hat er dafür gesorgt, dass auch außerhalb von Großbritannien, so auch in Deutschland, Zuchtgruppen etabliert wurden, vornehmlich aus Versicherungsgründen. Der Gesamtbestand soll nicht etwa durch den Ausbruch einer Viehseuche gefährdet werden. Genauso wenig soll die Rasse durch eine dann drohende EG-verordnete Keulungsaktion ausgelöscht werden. Daher gibt es inzwischen auch in den USA eine White-Park-Gruppe. Die Sorge um die Nichtnutztiere ist für den Trust so bedeutend, dass er sein Emblem mit dem Kopf eines White-Park-Bullen ziert. So sind sie, vor allem wenn es um das Sammeln von Spenden geht, doch sehr nützlich.

Toro de Lidia

BRAVO BRAVURA, ABER GAR NICHT BRAV

ÜBLICHERWEISE hält und züchtet der Mensch Rinder, damit sie ihm durch Milch, Fleisch, Arbeitskraft und eine Fülle weiterer Nutzbarkeiten das Leben ermöglichen, erhalten oder wenigstens erleichtern. Die Rindviecher allerdings, die ihm nach alter Auerochsenmanier nach dem Leben trachten, schließt er in gängiger Praxis vom Hausstand aus. Ganz anders auf der iberischen Halbinsel, wo gerade dieser Typus mit besonderer Passion gezüchtet wird als Kampfstier für die traditionelle Corrida, der Toro de Lidia.

Um beim interessierten Besucher neben einer Gänsehaut einen zusätzlichen Ehrfurchtsschauer zu erzeugen, wird ausdrücklich betont, dass die Toros direkt von dem Schrecken der Menschheit bis zum 17. Jahrhundert abstammen, dem Auerochsen. Das entspricht der Wahrheit, trifft allerdings auch für die friedlich wiederkäuende Muhkuh von nebenan zu. Alle Rinder dieser Welt haben nach derzeitigem Stand des Wissens exklusiv das Ur zum

Ahnen. Die etwas näheren Vorfahren der „Rambulls" waren keltische Rinder aus dem Norden, die sich in Spanien mit ihren afrikanischen Vettern aus dem Süden paarten. Andere iberische Rassen, wie die schwarzen Andalusier, die Moruchas und die Retintas, haben unverkennbar ein ähnliches Pedigree.

Durchaus in der Tradition der Antike stehend, ist der Stierkampf in Spanien seit mehr als 500 Jahren geläufig. Wie auch heute noch, war er damals geprägt von einem tiefen Respekt, ja einer Bewunderung für den Stier. Der gilt als Symbol für die weltliche Schöpfungskraft, die Natur, die dem Menschen als vermeintlichem Gegenpol nicht unbedingt freundlich gesonnen ist. In der Frühzeit kämpften zu Ehren ihres Königs spanische Edelleute mit besonders angriffslustigen Bullen aus ihren eigenen halbwilden Viehherden. Gefährdungen reduzierend saßen sie hoch zu Ross. Ihre unerschrockenen Knechte, die die Stiere provozieren und ihren Herren zuführen mussten, entwickelten im Laufe der Zeit so viel Eleganz und so viele ausgefeilte Techniken im Umgang mit den gehörnten Widersachern, dass die Adeligen auf den sicheren Pferderücken bald zu Statisten degradiert wurden. Rejoneadeure, auf edlen Andalusiern oder Lusitanos piaffierende und passagierende Toreros, sieht man nur noch sehr selten in den Arenen Spaniens oder Portugals. Seit etwa 200 Jahren wird der klassische Stierkampf per pedes geführt. Beritten, allerdings auf recht armseligen Kleppern, sind nur mehr die Pica-

dores, die den Stier mit einer Lanze schwächen und üblicherweise die geschmähten Buhmänner in der Arena sind.

Erst seit etwa 250 Jahren werden gezielt Tiere selektiert und verpaart, also gezüchtet, die trotz aller Domestikation die tiefverwurzelte Abneigung des Auerochsen gegen alle Mitgeschöpfe, insbesondere gegen den Menschen, konserviert haben. Zwischen 200 und 300 Passionierte, die riesige Ländereien ihr eigen nennen, widmen sich der Kreation von Kampfstieren, vornehmlich in Andalusien, Salamanca und Estremadura, nicht zu vergessen in Portugal, wo die Rasse „Raza brava" genannt wird. Jeder züchtet auf seine ganz spezielle Art, aber im Prinzip immer auf die gleiche Weise. Die Namen berühmter Ganaderias wie Domecque oder Osborne sind auch denen vertraut, die sonst mit dem Stierkampf nichts am Hut haben, als Markennamen für erlesene Sherrys. In den Weinkellern und Bodegas von Jerez de la Frontera wird das Kapital erwirtschaftet, das für die Zuchtstätten benötigt wird. Eine einzigartige Selektionsrichtung bedarf eines einzigartigen Zuchtsystems.

Die Herden der eher hageren, langhörnigen und enorm flinken Mütter ziehen ganzjährig über großzügig bemessene, naturbelassene Weiden. Diese sind allerdings sicher eingezäunt und von den Touristenströmen abgelegen und abgeschottet aus einleuchtenden Gründen. Zwischen Dezember und Februar werden die Kälber geboren. Obwohl das Euter bei den neun bis zehn Zentner schweren Kühen kaum zu erkennen ist, spendet es genug Milch für den Nachwuchs. Die Mutterinstinkte sind so ausgeprägt, dass jede Annäherung an das Kalb im wahrsten Sinne lebensgefährlich ist. Daher müssen die Kuhhirten, die Vaceros, all ihr reiterliches Können aufbieten und ganz tief in die Hütetrickkiste greifen, wenn sie im Herbst die „Chotos" absetzen, die Kälberherde von der Mutterherde separieren. Wenn die „Anojos", die Jährlinge, zu zweijährigen „Erales" herangewachsen sind, steht in Form der „Tienta" das Vordiplom als Zucht- oder Kampfstier an. Dabei werden sie von Caballeros mit langen Holzstecken von der Jugendgruppe abgetrennt und schlichtweg gezielt über den Haufen gerannt. Diejenigen Tiere, einerlei ob männlichen oder weiblichen Geschlechts, die nach diesem überraschenden und rüden Angriff das Hasenpanier ergreifen oder allenfalls empört den Kopf schütteln, qualifizieren sich damit nur für eine zukünftige Karriere als Corned beef. Dem engeren Zuchtziel entsprechen dagegen die, die sich nach der unfeinen Attacke aufrappeln und umgehend versuchen den vermeintlichen Aggressor auf die Hörner zu nehmen. Sie erhalten nach dem Examen unter der strengen Kontrolle der Offiziellen einen Namen, eine Ohrmarkierung, den Züchterbrand und einen individuellen Nummernbrand, der auch den Jahrgang beinhaltet. Anschließend werden die jungen Burschen, die sich für die Arena empfohlen haben, auf die Weiden entlassen, wo sie die nächsten zwei bis drei Jahre unbehelligt von jeglichen Kontakten zu Menschen in ihrem Junggesellenclub die Freiheit und Unabhängigkeit genießen können.

Die jungen Damen, die bei dieser Vorprüfung nicht durch den Rost fielen, müssen als dreijährige „Novilleras" in der „Retienta" ihre endgültige Bewährungsprobe als Mutterkuh ablegen. Während alle Freunde, Verwandten und Bekannten des Ganaderos die Tienta auf der Weide – selbstverständlich aus gebührendem Abstand – begeistert begleiten, trifft sich zur Retienta in der hofeigenen Arena nur der harte Kern der Experten und Afficionados. Hier müssen sich die auserkorenen Mütter in allen Übungen eines Stierkampfes mit Capa, Pica und Muleta beweisen, allerdings ohne das tragisch dramatische Finale der Estocada. Wer gesehen hat, wie mutig ausdauernd und behende die Kühe angreifen, versteht, warum die Spanier zwar die Kraft und die Schönheit eines Toros auf den Vater zurückführen, die Seele, die Aggressivität, den Mut, kurz die „Bravura" aber auf die Mutter. Die so Examinierten werden in die Zuchtherde integriert, nicht ohne ihnen vorher die Hornspitzen zu kappen. So sollen die verletzungsbedingten Krankschreibungen im Haziendabetrieb nicht überhand nehmen.

Die Selektion der Vatertiere ist etwas kompliziert. Eine Eigenleistungsprüfung ist unmöglich. Ein in der Arena bravouröser Stier findet nach den üblichen Spielregeln kaum noch Gelegenheit sich fortzupflanzen. Die Zuchtbullen, die „Sementales", werden nach ihrem Exterieur und nach ihrer Bewährung in der Tienta, aber in erster Linie nach dem Blut ihrer Ahnen ausgesucht. Alle Abstammungen mit allen Seitenverzweigungen und Querverbindungen werden sorgfältigst registriert und aufgezeichnet, in manchen Zuchten seit mehr als hundert Jahren. Ist ein Bulle der Vermehrung für würdig befunden, hat er ein langes, mehr als 10- bis 15-jähriges Leben als Pascha vor sich mit einem Harem von 30 bis 40 spröden Schönheiten. Oft begleitet ihn über den Tod hinaus ein legendärer Ruf. Für den sorgen seine Söhne, die nach vier bis fünf Jahren in einer wahrlich sonnigen Freiheit mit zehn bis zwölf Zentnern ideales Kampfgewicht haben. Die notwendige Kondition und die ausgefeilte Technik haben sie inzwischen in den handfesten und beinharten Auseinandersetzungen mit ihren gleichgesinnten Herdengenossen erworben. Dabei sind die Athleten beileibe nicht immer schwarz. Alle nur denkbaren Haarfarben und alle möglichen Fellzeichnungen kommen vor. Ausschlaggebend ist nicht das Aussehen, sondern der Geist, die Aggressivität und das Stehvermögen. Nur der Toro bravo ist der typische Toro de Lidia.

Berrenda en Colorado

BUNTE OCHSEN IM SPEZIALEINSATZ

D AS EIGENTLICHE, URSPRÜNGLICHE RIND der iberischen Halbinsel ist ein Fleischrind, dessen Milchleistung man getrost vergessen kann. Seine wahren Qualitäten kommen erst im Kummet oder unter dem Joch zum Zuge. Mit ihren dunklen harten Klauen sind diese Rinder optimal beschuht für die trockenheißen Schotterpisten. Über lange Zeit waren sie die Motoren des innerspanischen Transportwesens. Das ist aber Historie. Heute sind eher ihre Ansatzleistungen, speziell im subtropischen Sonnenklima, gefragt und ihre Fähigkeit, Wachstumsunterbrechungen bei Dürreperioden rasch zu kompensieren. Mit 17 bulligen und zwölf weiblichen Zentnern zählen sie nur zu den mittelschweren Rassen. Dieses Gewicht wird aber von recht langen Beinen getragen. Stiere mit 1,45 Meter und Kühe mit nur zehn Zentimetern weniger Stockmaß sind damit doch recht eindrucksvolle und imposante Gestalten. Dieser Eindruck wird verstärkt durch den langen rechteckigen Kopf mit den gewaltigen nach außen, vorne und oben geschwungenen Hörnern als Krönung.

Die augenscheinliche Ähnlichkeit des urspanischen Hornviehs mit den südamerikanischen Criollos und insbesondere mit den Longhorns in Texas zeigt, dass es diesen Typus schon vor 500 Jahren gab, denn deren Ahnen wurden nachweislich schon im 16. Jahrhundert von den Conquistadoren aus ihren heimischen Herden rekrutiert und in die Neue Welt gebracht. Wie die halbwilden Amerikaner treten auch deren Verwandte in der altweltlichen Heimat in allen nur denkbaren Farbvariationen auf. Eine besonders attraktive Variante hat inzwischen den Status einer eigenen Rasse, die Berrenda en Colorado, die in Portugal als Mertolenga bekannt ist. Die Grundfarbe ist weiß. Der Kopf, der Hals, die ausgeprägte Wamme und mehr oder weniger auch die Schultern sind kastanienrot. Über den restlichen Körper sind weitere rote Flecken verspritzt. Abgerundet wird das exotisch schöne Äußere durch rote Stiefel an allen vier Beinen, die bis zu den Fußwurzelgelenken reichen.

So weit ist dies das Porträt eines wunderschönen fremden Landschlages, der aber seine Zukunft längst hinter sich hat. Der Lebensunterhalt der Rasse wird heute gesichert von den gigantischen, oft über 1,70 Meter Schulterhöhe messenden Ochsen, den Cabestros. Sie sind im Spezialeinsatz in der Befriedung ihrer aggressiven Vettern, der Kampfstiere, als Hütegehilfen der Vaceros, die nicht unbedingt Toreros sein wollen.

Es bedarf keiner besonderen Erklärung, dass der Umgang mit den Toros nicht so ganz einfach ist. Sie lassen sich nicht an ein Strickhalfter nehmen, nicht mit dem Treibwagen über die Straße führen, geschweige denn im Fanggitter festsetzen. Hunde, die üblichen Hirtenhelfer, sind für einen prospektiven Arenahelden nicht gerade Furcht einflößend und den Menschen mit seinen sehr beschränkten körperlichen Möglichkeiten sollen sie nicht zu früh kennen lernen.

Als Aufsichtspersonal werden den vorexaminierten Jungstieren ausgewachsene Berrendas beigesellt, die im Alter von etwa zwei Jahren kastriert wurden. Sie sind für den Job prädestiniert: Von Haus aus freundlich, friedfertig und mit ausgeglichenem Temperament, zügeln sie den kampfeslustigen Überschwang der Pubertätstoros. Im fortgeschrittenen Alter über 20 Zentner schwer, überragen sie ihre Schutzbefohlenen um Haupteslänge und mit den langen Hörnern können sie sich gegebenenfalls den gehörigen Respekt verschaffen. Bevor die roten Riesen jedoch in den Außendienst kommen, lernen sie, auf Zuruf oder Stockzeichen des Ochsenhirten, des Cabestreros, Links-, Rechts- und Kehrtwendungen auszuführen, stehen zu bleiben, vorauszutrotten oder vorwärts zu stürmen. Dabei kommt ihnen, oder besser dem Ausbilder, ihre aus der Arbeitsochsenzeit stammende Lernfähigkeit und insbesondere Lernwilligkeit zustatten. Aus gleicher Wurzel stammt auch ihre Bereitschaft im Team zu arbeiten. Das ist die hohe Schule der Cabestros. So eine eingespielte Mannschaft ist fast unbezahlbar.

Steht für die feurigen Kämpfer ein Ortswechsel an, nehmen die rotweißen Giganten auf einen Wink des berittenen Hirten die Rasselbande in ihr Schlepptau und führen sie sicher zur nächsten Weide. Ist ein einzelner Stier herauszufangen, nehmen die entmannten Berrendas ihn in ihre Mitte und er folgt ihnen vertrauensvoll und ahnungslos überallhin. Diese raffinierte Hütetechnik funktioniert nicht nur bei den jungen heranwachsenden, sondern mit gleicher Präzision bei den älteren reifen Kampfstieren und den

abgeklärten Mutterkühen. Auch eine größere Öffentlichkeit wird ab und zu Zeuge dieses ausgeklügelten Systems. Immer dann, wenn eine Corrida einen nicht vorgesehenen Verlauf nimmt. Sei es, dass der Stier sich ein Horn beim furiosen Aufgalopp bricht oder zum Entsetzen seines Züchters nicht kämpfen mag, sei es, dass das Publikum das Überleben eines besonders bravourösen Kämpen verlangt oder der Matador nicht im Stande ist, den Gegner in der vorgegebenen Zeit niederzustrecken – auf ein Signal des Präsidenten öffnet sich ein Seitentor zum Rondell und herein zockeln mit scheppernden Glocken am Hals vier oder fünf Berrendas en Colorado. Der jetzt feingekleidete Cabestrero, hinter ihnen laufend, dirigiert die bunten Ochsen zum Stier hin. Dieser, glücklich über den vertrauten Anblick der Artgenossen, folgt ihnen willig, wenn sie plötzlich auf Zuruf aus der Arena stürmen.

So lange die alte spanische Tradition des Stierkampfes lebt, werden die Berrendas en Colorado überleben für ihren Spezialeinsatz.

English Longhorn

EIN OLDTIMER IM COMEBACK

URVIEH! Wie kaum eine andere Rinderrasse wird damit das alte englische Langhornrind griffig beschrieben. Nicht nur das Äußere wirkt urig, wie der lange rechteckige Rumpf, das durch die Stichelhaare struppig wirkende Fell mit dem breiten weißen, bis zum Schwanz reichenden Rückenstreifen und vor allem der massige Kopf mit den langen, dünnen, weit nach außen geschwungenen Hörnern. Schon seit Urzeiten grast dieser Rindertypus auf den Weiden Mittelenglands. Schädelfunde aus dem dritten vorchristlichen Jahrtausend (für erdgeschichtlich Bewanderte: die zweite Warmzeit) zeigen auffällige Longhorneigenschaften. Langhornig blieb bis ins achtzehnte Jahrhundert der in England vorherrschende Rinderschlag. Robert Bakewell, der Urvater der wissenschaftlichen Tierzucht, machte seine Versuche, durch Inzucht und Linienzucht Merkmale über Generationen zu stabilisieren, mit den Langhörnern. Damit sind sie die erste moderne Rinderrasse, entwickelt nach noch heute gültigen Kriterien. Dass ihnen später eine weitere, auch weltweite Verbreitung versagt blieb, dürfte nicht zuletzt an der namengebenden Rasseeigentümlichkeit gelegen haben. Die langen und zudem noch recht dünnen Hörner standen jedem Transport im wahrsten Sinne des Wortes im Wege. Stattdessen traten ihre kurzbehornten Vettern, die Shorthorns, einen Siegeszug um die Welt an und zeugten von der Qualität der britischen Tierzucht. Es gibt kaum noch eine Rinderrasse auf der Welt, in deren Adern nicht wenigstens ein paar Tropfen Shorthornblut kreist.

Wenn auch den Longhorns eine internationale Karriere vorerst verwehrt war, blieb ihre lokale Wertschätzung unbeeinträchtigt. Sie gelten in ihrer Heimat als das vielseitigst verwendbare Hornvieh schlechthin. Die anspruchslosen Kühe haben auf der Weide ein nicht sonderlich wählerisches Maul und sie trotzen dem vorherrschenden Klima, dem englischen Schmuddelwetter, auch ohne komfortable Stallbauten. Ihre Gesundheit und ihre Langlebigkeit sind sprichwörtlich. Sie sind zwar Spätstarter, aber ein Dutzend Kälber als Lebensleistung sind keine Seltenheit. Jahr für Jahr produzieren sie 2,5 Tonnen Milch. Davon sind stattliche sechs Prozent feinst emulgierte Fettkügelchen für die Käseproduktion das Nonplusultra. Wiltshire- und Cheddarkäse zeugen von der spezifischen Qualität der Longhornmilch. Die Meier in Edam und im Emmental würden sich glücklich schätzen, stände ihnen ein solches Ausgangsmaterial zur Verfügung. Die nicht zur Zucht benötigten Bullenkälber waren erwachsen als Ochsen gutmütige Arbeitstiere, die aus dem langen Rücken eine enorme Zugkraft entwickelten. Und schließlich blieb am Ende ein Schlachtkörper von über 350 Kilogramm, ein Berg fein marmorierten Fleisches bester Qualität.

Die extreme Spezialisierung der Zuchtrichtungen in neuerer Zeit, wie die Schwarzbuntisierung der Milchproduktion und die Intensivierung der Mastrassen, ließ auch die englischen Langhörner in die Kategorie der vom Aussterben bedrohten Haustierrassen abgleiten. In den letzten Jahren erleben sie jedoch eine Renaissance. Der Trend zur Mutterkuhhaltung, der Bedarf an anspruchslosen Kühen, die auch bei ausschließlicher Weidehaltung stattliche Kälber aus Gebrauchskreuzungen mit Mastrassen aufzuziehen in der Lage sind, ließ die Rotschimmel wieder das Interesse der Rinderzüchter auf sich ziehen. Im Gegensatz zu den meist doch recht kleinwüchsigen Robustrassen boten sie vom Rahmen und insbesondere von der Weite und der Neigung des Beckens die besten Voraussetzungen dafür, dass die Abkalbung nach der Paarung mit den wuchtigen Fleischbergen vom Kontinent wie Charolais oder Fleckvieh nicht zu einem nervenaufreibenden Zitterspiel für den Bauern wird. Der zwar flache, aber stetige und langgezogene Verlauf der Laktationskurve in Kombination mit ihren fürsorglichen Muttereigenschaften bietet die Gewähr dafür, dass im Herbst die Kreuzungskälber mit einem properen Gewicht von zirka sechs Zentnern von der Weide geholt werden können. Wen wundert es da, dass die Longhornbestände in England in den letzten zehn Jahren beständig zunehmen? Dem „Oldtimer" ist sein Comeback gelungen. Auch in Deutschland kann dem fröhlichen Wandersmann in Wald und Flur eine Herde der langhörnigen Buntschecken begegnen. Er wird sich davon überzeugen können, so furchterregend und drohend sie aussehen, so freundlich ist ihre Wesensart, eben altenglisch.

Charolais

FLEISCHRIND MIT MODELCHARAKTER

ALS DIE RÖMISCHEN LEGIONEN unter der Leitung von Julius Cäsar nach Frankreich zogen, das damals noch Gallien hieß, marschierten in ihrem Tross hellgrau-weiße Rinder mit. Sie waren wohl als Wegzehrung gedacht. Die italienische Rindviehzucht war damals Weltspitze und die besondere Qualität der französischen Küche hatte sich noch nicht herumgesprochen. Einen Guide de Micheline gab es noch nicht. Als nach Überquerung der Alpen die Truppen die fruchtbaren Regionen am Südostrand des Zentralmassivs passierten, wurde ein Teil der Kühe fahnenflüchtig, sei es, dass sie durch die sanft gewellten fetten Weiden und das angenehme Klima verführt wurden oder dass sie einen erneuten beschwerlichen Aufstieg scheuten. Diese Deserteure sind Ahnen einer Rasse, die heute in über 60 Ländern auf allen fünf Kontinenten zum Inbegriff des modernen Fleischrindes geworden ist, die Rinder aus dem Departement Charolais.

Mit über 1,50 Metern Schulterhöhe und einem Brustumfang von mehr als 250 Zentimetern ist die Bezeichnung großrahmig noch untertrieben. Kühe wiegen etwa eine Tonne und Bullen oft noch eine halbe mehr. Bei einem Rendement von 60 Prozent ergibt dies einen Riesenberg Fleisch. Da ihnen die Gene zur Depotfettbildung unter der Haut zu fehlen scheinen, ist dies zur Freude der Schlachter und Verbraucher von besonders magerer Qualität. Die Muskelmassen sind gleichmäßig auf Vorder- und Hinterviertel verteilt. Dieser ausbalancierte Körperbau weist darauf hin, dass die Charolais nicht wie die meisten groß bebauten Fleischrassen Kärrnerdienst vor Pflug, Egge oder Wagen leisten mussten, sondern stets den Gaumenfreuden gewidmet waren.

Ausnahme war eine kurze Periode zu Beginn des vorigen Jahrhunderts. Napoleon hatte für seine Armeen das Straßennetz in seinem Reich modernisiert und ausgebaut. Für das dadurch aufblühende Transportwesen sollten auch die hellbeigen Südostler eingespannt und eingejocht werden. Kraft genug hätten sie gehabt. Ihre hellen Klauen rieben aber auf den gut gepflasterten Fernstraßen zu schnell ab. Sie hätten eines aufwendigen Beschlages bedurft.

Damit war der Arbeitsdienst nur von kurzer Dauer und man besann sich der eigentlichen Charolaisqualitäten. Dazu zählt nicht unbedingt Frühreife. Gut Ding will Weile haben. Die jungen Kühe müssen wenigstens zwei Jahre auf kräftig sättigenden Weiden als Novizinnen leben, bevor sie die Bekanntschaft mit dem Herdenpascha machen dürfen. Das Erstkalbealter liegt damit ungefähr bei drei Jahren. Ein Kalb von etwa 45 Kilogramm kann nur von einer gut entwickelten, ausgewachsenen Mutter zur Welt gebracht werden. Mit bis zu 3 000 Kilogramm Milchproduktion per anno garantiert diese dann auch ein rasches Wachstum. Im „baby-beef"-Programm wiegen die Jünglinge mit 10 bis 15 Monaten 350 bis 550 Kilogramm, in der Bullenmast erreichen sie mit eineinhalb Jahren 650 Kilogramm und wenn sie der Manneskraft beraubt sind, entwickeln die Ochsen in drei Jahren 750 Kilogramm Körpermasse.

Zwischen 1830 und 1850 gab es Bestrebungen, die Charolais frühreifer zu machen. Der damals zeitgemäßen Mode folgend wurden Shorthorns aus Durham eingekreuzt. Die Mischlinge waren zwar eher reif, neigten aber sehr stark zur Verfettung. Kein Wunder bei der Verpflegung. Also kehrte man rasch zur Reinzucht zurück.

Über Jahrhunderte war der Genuss eines Charolaisbratens zusammen mit einem Glas Roten aus dem benachbarten Beaujolais ein exklusives französisches Vergnügen. Unter den Soldaten, die 1944 zur Beendigung des Zweiten Weltkrieges in der Normandie landeten, waren auch Cowboys aus Kanada und den USA. Auf ihrem Marsch durch Frankreich entdeckten sie nebenbei auch die exquisiten Eigenschaften der weißen Wiederkäuer. Nach erfolgreicher Beendigung ihrer eigentlichen Mission nahmen sie einige der blond gelockten Franzosen mit in ihre Heimat.

Die Importmodelle erfuhren dort allerdings einige figürliche Umgestaltungen. Beim Stammtyp à la francais ruht die Körperfülle auf vier kurzen, stämmigen Säulen. Die Franzosen wussten bei ihrer Intensivhaltung mit den bei diesen Kompaktpaketen auftretenden Geburtsproblemen umzugehen. Bei der in der Neuen Welt üblichen Extensivhaltung waren diese aber existenzgefährdend störend. Die Tiere erhielten daher längere, für den Geburtsweg freundlichere Linien. Sie wurden 10 bis 15 Zentimeter höher im Stockmaß. Auch die in den „feed lots" hinderlichen langen Hörner wurden züchterisch bearbeitet. Inzwischen offerieren alle Spermahändler Samen von reinerbig hornlosen Charolaisbullen. Sie erreichen allerdings noch nicht ganz die ökonomisch so beeindruckenden Mastleistungen der be- oder enthornten Brüder, wie eineinhalb bis zwei Kilogramm tägliche Zunahme oder einem Verbrauch von nur drei Kilogramm StE pro Kilogramm Fleischbildung. Bei guter Fütterung bewähren sich die beigen Brocken sowohl im schneereichen, nasskalten Norden Kanadas wie auch im trockenheißen Südstaatenklima der USA. Die Wärmetoleranz als Erbe aus dem alten Rom wird

zur Hitzetoleranz, wenn die Charolais mit Brahmans verpaart werden. Neue Rassen auf dieser Basis, wie Chabray in Texas oder Canchim in Brasilien, sind massiger Beleg dafür.

Nach dieser Bewährung in Übersee eroberten die Charolais in Konkurrenz zu den etablierten britischen Beef Breeds die ganze Welt. Nach Deutschland kamen sie zu Beginn der 60er Jahre, als die Holstein-Friesen begannen, die Fleischleistung der Schwarz- und Rotbunten zu drücken. Die Kreuzungstiere machten das Bild auf unseren Weiden abwechslungsreicher. Sie sind immer deutlich herauszukennen. Die mausgrauen Kälber stammen von einer Schwarzbunten, während die mehr lachsfarbenen eine Rotbunte zur Mutter haben.

Die Charolais im neuen Design wurden auch nach Frankreich reimportiert und setzten sich so durch, dass der klassische Kasten-Typ an seiner Wiege in der Gegend um Nevers und im Departement Saone et Loire nur noch selten zu finden ist.

Wer nun annimmt, bei diesem Prototyp eines Fleischrindes sei nichts mehr zu entwickeln, hat die Rechnung ohne die Franzosen gemacht. Seit ein paar Jahren bemühen sie sich, die bei den Fleischrassen auftretenden Doppellender zu kultivieren. Die Culardes de Charolais tragen an den wertbestimmenden Partien wie Schulter und Lende noch einmal ein Viertel mehr Muskelpakete als der Durchschnitt der inzwischen 1,5 Millionen Kopf zählenden Charolaisherde in Frankreich. Bei ihnen werden tägliche Zunahmen bis zu 2,5 Kilogramm registriert und die Ausschlachtung liegt bei 65 Prozent und darüber. Die Charolais bleiben also auch in Zukunft ein Modell für eine erfolgreiche Fleischrinderrasse.

Limousin

BEAUF DE FRANCE

WER EINEN DEUTSCHEN BAUERN von einem „Limo" schwärmen hört, sollte ihn nicht gleich der grammatikalischen Unkenntnis verdächtigen, denn der Viehzüchter spricht wahrscheinlich nicht von einer prickelnden Brause mit Zitronengeschmack, sondern von einem französischen Fleischrind der besonderen Art, dem Limousin. Während der Begriff „Limousine" für das Beste steht, was es unter den PKWs gibt, ist dies ohne „e" und die Endsilbe durch die Nase gesprochen der Name für das Beste, was der Fleischviehsektor bietet.

Das gilt, obwohl die Limousins mit etwa 1,45 Meter Schulterhöhe nicht die größten, mit ausgewachsen 1 100 Kilogramm nicht die schwersten und mit etwa 1,1 Kilogramm täglicher Zunahme nicht die wüchsigsten auf der Rassenpalette sind. Verantwortlich für den legendären Ruf der weizengelben bis goldroten Franzosen ist ihre einzigartige Fleischqualität. Ein mit etwa 600 Kilogramm Lebendgewicht schlachtreifer Bulle liefert eine Karkasse von etwa 400 Kilogramm. Davon sind nur 15 Prozent Produkte, für die sich nur schwer ein Abnehmer finden lässt, wie Knochen, Sehnen und Talg. Die restlichen 85 Prozent sind große, dunkelrote Fleischstücke, gebildet von feinen, aber gehaltvollen Muskelfasern, die ummantelt sind von einem hauchdünnen Fettfilm und zusammengebündelt werden von einem Bindegewebe mit extrem zarter Textur. So soll ein marmoriertes Stück aussehen, das einen saftigen Braten verspricht.

In Blindversuchen, bei denen Beefexperten wie Gastronomen, Köche und Metzger Filets von verschiedenen Rassen kritisch probierten, waren die Limousinbraten unschlagbar. So geschehen in Chikago 1989, in Sydney 1990 und in Paris in den Jahren 1991 und 1992. Die Juroren waren nicht so sehr erstaunt, dass ein derart kräftig rotes Fleisch aromatisch aus der Pfanne duftete und vorzüglich schmeckte, sondern vielmehr, dass es so zart auf der Zunge zerging. Ein besonderer Geschmack darf auch etwas teurer sein. Auf dem Pariser Großmarkt, dem Eldorado und Mekka aller Küchenchefs des westlichen Abendlandes, werden für jedes Kilogramm anstandslos ein bis zwei Francs mehr gezahlt, wenn es das Limoetikett trägt.

Eine Fleischrasse der Extraklasse bedient aber nicht nur den bei uns so bedeutsamen Bullenfleischmarkt. Die Kälber, die mit vier bis fünf Monaten von ihren reichlich Milch spendenden Müttern getrennt werden, sind stramme Kerlchen von vier Zentnern und als besondere Delikatesse gefragt, kein Vergleich mit den geläufigen Weißfleischkälbern aus den normierten Boxen, die mit Milchpulver zum Quellen gebracht werden. Wenn die Limousinkälber bis zum Alter von zehn Monaten mit Kraftfutter auf etwas mehr als sechs Zentner aufgepäppelt sind, gelten sie auf dem Markt von St. Etienne als Spezialität. Mit 15 Monaten, dann gut eine halbe Tonne schwer, sind sie auf dem Markt von Lyon sehr gefragt. Alternativ mit etwas über einem halben Jahr der jugendlichen Manneskraft beraubt und dann zwei Sommer lang auf der Weide gesättigt, werden sie unter dem Logo „Chatronochsen" wohlfeil gehalten. Das Nonplusultra auf dem Entrecotemarkt sind allerdings die zweieinhalb bis dreijährigen Rinder oder Jungkühe. Sie liefern das, was Gourmets meinen, wenn sie Beauf sagen.

Die Kälber, die nicht sofort für ein lukullisches Programm vorgesehen sind, sondern als Remonten in den Zuchtherden Karriere machen sollen, werden mit etwa einem halben Jahr von ihren Müttern entwöhnt und aufgestallt. Die Züchter nehmen die jungen Damen in die heimische Obhut, nicht aus Furcht, dem Nachwuchs könne ein wenig herbstliche Witterung schaden. Sie nutzen vielmehr den ersten Winter, um die angehenden Mütter durch Putzen, Striegeln und Streicheln und mit einigen Leckereien aus der Hand zahm und zutraulich zu machen. Erfolg dieses Kurses in Sachen Men-

schengewöhnung ist, dass auf den Weiden um Limoges keine Hektik auf-kommt, wenn Besucher erwartet werden. Die prachtvollen Kühe schauen nur interessiert zu und kauen weiter, wenn ihr Chef kommt, sie abtastet, untersucht, anbindet oder vorführt. Aktionen, die sich in anderen Herden oft zu einem mittleren Rodeo auswachsen.

Die gängige Erfahrung, dass eine Spitzenqualität in der Erzeugung stets aufwendig und kostenintensiv ist, wird von den roten Müttern mit dem brei-ten Hinterteil regelmäßig widerlegt. Sie erweisen sich als ausgesprochen pflegeleicht. Sie sind ein echtes Gewächs ihrer Wiege am Südwestrand des Zentralmassivs und genau so hart wie das vorherrschende Gestein dort, Gra-nit und Schiefer. Das breite, abfallende Becken der Kühe ist für die Limousinnachkommen kein Engpass auf ihrem Weg ins Leben. Daher sind sie nach der Geburt besonders kregel und streben schon nach kürzester Zeit der Milchquelle zu, die für sie reichlich sprudelt und ein knackiges Wachstum garantiert. Später nehmen sie an Futter alles, was ihnen offeriert wird. Auch ist es ihnen einerlei, ob es kalt, neblig und regnerisch oder sonnig, heiß und staubig trocken auf der Weide ist. Sie gedeihen in allen Klimazonen, was den französischen Exporteuren seit Jahrzehnten das Geschäft erleichtert. Schon um 1900 erwarben Fazenderos aus Brasilien und Estanzieros aus Argentinien beste Limousins. Die konnten ihre Kunden daheim, die mit einem Pro-Kopf-Verbrauch von fast 100 Kilogramm Fleisch alljährlich Weltmeister sind, nur mit erstklassiger Ware überzeugen. Heute sind Tiere aus Limoges überall dort auf der Welt anzutreffen, wo Gegrilltes, Gekochtes und Gebratenes vom Rind geschätzt wird.

Die ersten Erfahrungen mit den Limousins machten die deutschen Bauern, als mit Einführung der Milchquoten verstärkt Fleischbullen in den Milchviehherden eingesetzt wurden, so auch Limousins. Die besondere Qualität der französischen Einkreuzungen hatte sich bald herumgesprochen. Jedoch blieben diese Superfilets den Verbrauchern meist vorenthalten. Sie verschwanden in den Tiefkühltruhen und später in den hauseigenen Mägen der Erzeuger. Inzwischen gibt es eine ganze Reihe von Reinzuchtherden, sodass heute auch Otto Normalverbraucher seinen Gaumen mit einem Beauf de France à la Limousin verwöhnen kann.

Blonde d'Aquitaine

BLONDE BEVORZUGT

GALLIA EST OMNES DIVISA ...! Aus diesen millionenfach auswendig gelernten Anfangszeilen des Kriegsberichtes „de bello gallico" von G. J. Cäsar ist jedem ehemaligen Pennäler die Region Aquitanien ein Begriff. In Tierzüchterkreisen steht sie heute für den phänomenalen Aufstieg einer Rinderrasse aus den Tiefen eines in seinem Bestand gefährdeten Landschlages zu den Höhen einer international renommierten und gerade in Gebrauchskreuzungen bewährten Mastrasse, der Blonde d'Aquitaine.

In einem Handbuch der Tierzucht aus dem Jahre 1926 werden für den Südwesten Frankreichs, die nördlichen Pyrenäen und das Tal der Garonne mehr als zwanzig verschiedene Rassen und Schläge aufgeführt, denen allen ein strohblondes Haarkleid mit unpigmentierten Schleimhäuten gemeinsam war. Einen Großteil dieser Beschreibungen nimmt aber die Auflistung ihrer Exterieurmängel ein, wie Hinterhandschwäche, steile Winkelung, Senkrücken oder Hohlschwanz. Nach dem Zweiten Weltkrieg waren alle diese

Regionaltypen bis auf drei ausgelöscht. Trotz Veredlung mit englischem Shorthorn- und französischem Limousinblut schien dennoch das Schicksal der drei verbliebenen Rassen Garonnais, Quercy und Blonde des Pyrenees besiegelt. Unter wirtschaftlichen Gesichtspunkten war eine Milchleistung von zirka 1 200 Kilogramm indiskutabel und weder verbesserungsfähig noch -würdig. Die zunehmende Motorisierung der Landwirtschaft machte die zugkräftigen Blonden arbeitslos und beim baskischen Stierkampf hatten inzwischen die schwarzen Vettern aus Spanien exklusiv den Part des Aggressors übernommen. Der Markt der Fleischproduktion schien in Frankreich zudem fast aufgeteilt zu sein zwischen den etablierten Fleischrassen Charolais und Limousin, keine Chance also für die blonden Franzosen?

Während das Blondvieh Österreichs, der Schweiz und auch Deutschlands unter dem Etikett „bedrohte oder gefährdete Haustierrasse" – oft sogar nur dank staatlicher Hilfe – ein Schattendasein fristet, nahmen die Aquitanier die Herausforderung der sich drastisch ändernden Landwirtschaftsbedingungen offensiv an. Schon 1962 schlossen sich vorausschauend die Zuchtverbände der drei oben angeführten Rassen unter dem Namen „Blonde d'Aquitaine" zusammen. Die alten positiven Rassenmerkmale berücksichtigend, achteten sie auf hohe Geburtsgewichte (zirka 48 Kilo-

gramm), förderten die Frühreife (tägliche Zunahmen von 1,4 bis 1,5 Kilogramm), steigerten die Muskelfülle (69 Prozent Ausschlachtung) und ver-
besserten die Fleischqualität. Damit eröffneten sie ihrem Zuchtprodukt die
ökonomische Nische Kälbermast und schufen für den bekanntermaßen verwöhnten französischen Verbraucher einen neuen Qualitätsbegriff. Inzwischen hat sich die neue alte Rasse auch in der Bullen- und nicht zu vergessen
der Färsenmast einen guten Namen gemacht und die semmelfarbenen
Fleischberge haben über die gallischen Grenzen hinaus Bekanntheit erlangt.
International wird Blonde d'Aquitaine heute in einem Atemzug mit Charolais und Limousin genannt, wenn es um Fleisch aus Frankreich geht. Der
aufmerksame Beobachter sieht aber in den Augen der Experten ein besonderes Blitzen, wenn sie der Blonden ansichtig werden.

Blonde-d'Aquitaine-Bullen durften selbstverständlich nicht fehlen, als
seinerzeit der deutsche Braunviehzüchterverband einen Großversuch starte-
te. Dessen Ziel war es, für die Allgäuer eine passende Rasse zur Erzeugung
mastfähiger Gebrauchskreuzungen zu ermitteln. Denn nachdem das Braunvieh durch Einkreuzung von amerikanischen Brown-Swiss-Bullen zwar in
seiner Milchleistung deutlich veredelt worden war, drohte sein traditionell
guter Ruf als Erzeuger erstklassiger Mastkälber Schaden zu nehmen. Nach
Abschluss des Versuches hatte der Verband keine Qual bei der Wahl. Die
Zuchtempfehlung fiel auf Blonde d'Aquitaine. Ihre Kreuzungen waren in
fast allen relevanten Bereichen denen anderer Rassen wie Limousin, Piemonteser oder selbst Fleckvieh deutlich überlegen. Nicht nur in der voralpi-
nen Heimat sind die hellbeigen Kraftpakete begehrt. Im hohen Norden und
Nordwesten Deutschlands wurden Markenfleischprogramme aus der Taufe
gehoben, die ausschließlich auf Braun-Blond-Kreuzungen basierten. Wenn
heute ein Mäster Braunviehkälber in den Stall bekommt, die in ihrer Färbung nicht wie gewohnt an Kaffee mit einem Schuss Milch erinnern, sondern eher an Milch mit einem Schuss Kaffee, so haben diese wahrscheinlich
einen blonden Vater aus Aquitanien.

Welsh Black

MUTTERKUH AUS DEM KOHLENPOTT

GWARTEG DUON CYMREIG heißt in heimischer Mundart eine urtümliche englische Rinderrasse, die unter dem Namen „Welsh Black" außerhalb von Wales bekannt ist. Die nur schwer zu lesenden und noch weniger auszusprechenden Worte sind gälischen Ursprungs. So sprachen die Kelten, die als erste etwa im 7. vorchristlichen Jahrhundert die Insel England besiedelten. Den später nachrückenden Wikingern, Normannen und Sachsen wichen sie aus, bis sie schließlich ein Refugium in den abgeschiedenen Bergen des Westens fanden, dem heutigen Wales. Stets wurden sie treu begleitet von ihren Kühen, den Vorfahren der Welsh Black. Schwarz mit einem Hauch von Rot ist die bevorzugte Farbe der Waliser – durchaus zweckmäßig –, denn sie leben im Kohlenpott Englands. In solchen Bergbauregionen ist erfahrungsgemäß die Luft meist staubgeschwängert und bei dieser Oberbekleidung fällt ein bisschen Schmuddeligkeit weiter nicht auf. Heute werden die Abgase gereinigt und staubgefiltert und man sieht

jetzt auch welsche Rasserinder in strahlend Weiß mit schwarzen Ohren oder klassisch Schwarz mit blütenweißer Bauchbinde.

Das Leben in den wilden walisischen Bergen hat die Rasse geformt. Im Winter müssen die Kühe gut zu Fuß sein, denn es gilt, weite Bergtouren zu unternehmen, um genügend Futter zu finden. Dabei sind sie nicht sonderlich anspruchsvoll, was Kost und Logis angeht. Den Unterschlag an der Berghütte überlassen sie gerne den Schafen als Quartier. In dem langen schwarz gelockten Pelz können sie ohne Schaden zu nehmen auch im Freien überwintern. Natürlich lassen sie dabei kräftig an Gewicht. Sie holen aber das Verlorene auf der dann etwas reichhaltigeren Sommerweide in kürzester Zeit wieder auf.

Das ist die Zeit, wo sie mit Begeisterung ihren Mutterpflichten nachkommen. Eine Rolle, die ihnen auf den Leib geschrieben zu sein scheint. Nicht nur, dass sie in jeder Laktation ihren Zöglingen über 3 000 Liter Milch zur Verfügung stellen, sie hüten ihre Kleinen wie ihre dunkelbraunen Augäpfel und schützen sie vor den Gefahren einer wenig freundlichen Umwelt. Wehe dem Fremden, der ihrem Kalb zu nahe kommt. Die eigene

Figur kommt bei dieser an sich aufzehrenden Tätigkeit nicht zu kurz. Die Kühe präsentieren ihren Besitzern im Herbst ein properes Kalb von annähernd fünf Zentnern und sich selbst in einer Bombenkondition. Die lässt sie, aber auch die Familie des Bauern, problemlos über den Winter kommen. Im Falle der Schlachtung ist deren Kühltruhe bis zum Rand mit köstlichem Fleisch gefüllt. Bis dahin kann aber so manches Jahr ins Land gehen. Denn Langlebigkeit ist ein weiterer Vorzug der schwarzen Waliserinnen. Oft erreichen sie den Leistungszenit, wenn bereits ihre Urenkeltöchter den ersten Ururenkel geboren haben, also etwa mit 15 Jahren. Der Leistungsrekord sind 30 Kälber von einer Kuh ohne Embryotransfer und Leihmütter. Der Ehrlichkeit halber muss aber eingeschränkt werden, dass die eine oder andere Zwillingsgeburt dabei gewesen sein kann.

Obwohl von walisischem Geblüt durch und durch, können sich die schwarzen Ladies für den walisischen Nationalsport Rugby nicht erwärmen. Dabei kommt es bekanntlich auf gekonntes Buffen und Knuffen an und das liegt den Damen überhaupt nicht. Sie sind geradezu berüchtigt für ihre Zahmheit. Was nicht weiter verwunderlich ist, denn neben reichlich Milch für ihre Kinder erübrigen sie noch genügend Haushaltsmilch für die Bäuerin. So sind sie seit Jahrhunderten an Mutters Hand beim Melken gewöhnt. Schläger und Raufer haben sich so für die Fortpflanzung selbst disqualifiziert.

Der erste Eindruck, den das Hornvieh aus dem Westen im übrigen England machte, muss nicht der Beste gewesen sein. Sie wurden unter dem Namen „Welsh runts" gehandelt, was etwa unserem umgangssprachlichen Begriff „Ronten" entspricht. Es waren struppige, abgemagerte Ochsen, die mehr schlecht als recht über den Winter gekommen waren. Die Bergbauern verkauften sie, um ein wenig Bares in den Beutel zu bekommen. Nachdem diese Ruffies auf den Fettweiden Mittelenglands ihre besondere Fähigkeit demonstriert hatten, Notzeiten rasch zu kompensieren, und am Ende der Saison als fette Schlachtochsen nicht wieder zu erkennen waren, wurde aus dem Schimpfwort ein Kompliment.

Die Engländer meinten, die Muttereigenschaften der Welsh Black verbessern zu müssen. Durch Einkreuzung von weißen Shorthornbullen schufen sie die Blue Albions, die durch ihre attraktive blaue Fellfarbe auffielen. Blau heißt dabei in der Rindviehterminologie: schwarz, mit weißen Stichelhaaren aufgehellt. Für die so überarbeiteten Modelle gab es bis 1957 ein eigenes Herdbuch. Heute sieht man nur noch ganz vereinzelt die Gebrauchskreuzungen mit der blauen Decke, denn die reinrassigen Schwarzen haben sich in den letzten Jahrzehnten erstaunlich verändert, ohne dass die wertvollen Stammeigenschaften verwässert wurden. Sie sind überraschend groß, fast riesig für eine Robustrasse. Bullen von gut 1,40 Meter Höhe und einer

Tonne Masse sowie 1,30 Meter große Kühe mit 13 Zentnern sind sogar fast schon zu gewaltig für eine Fleischrinderrasse der mittelgroßen Kategorie. Ihre Kälber wiegen im Alter von 200 Tagen durchschnittlich über 240 Kilogramm. Das ist erste Klasse im Vergleich aller Rassen. Bei der 365-Tage-Wägung mit fast acht Zentnern werden sie nur übertrumpft von den ganz großen kontinentalen Fleischriesen wie Fleckvieh, Charolais oder Blonde d'Aquitaine. Für sich selbst anspruchslos, widerstandsfähig und zahm, sind die Welsh Black mit diesen Produktionsleistungen die Mutterkühe par excellence.

Wer heute auf unseren Weiden die stattlichen, wohlgerundeten Mütter zufrieden wiederkäuend ihre sichtlich gedeihenden Kälber säugen sieht, ahnt kaum noch die harte Frühzeit der Rasse im englischen Kohlenpott. Nur die Spitzen der elfenbeinweißen Hörner erinnern daran. Sie sind so pechschwarz, als hätte ihr Träger damit gerade eben Kohle aus dem Flötz auf Sohle 5 gebrochen.

Dexter

KLEIN, ABER OHO!

KLEIN, SCHWARZ UND HART! Das ist nicht etwa der Werbeslogan eines neuen kräftigen Mokkas, sondern die sehr stark reduzierte Beschreibung der kleinsten englischen Milchviehrasse, des Dexter-Rindes. Englisch ist dabei nur die halbe Wahrheit, denn die Wiege dieser Minikühe stand in Irland, auf der grünen Insel.

Irland galt im vorigen Jahrhundert als das Armenhaus Europas. Die Versorgungslage der Bevölkerung mit dem Lebensnotwendigen war katastrophal. Viele Iren sahen ihre letzte Chance darin, ihre Heimat zu verlassen und nach Amerika auszuwandern. Mr. Dexter, Verwalter auf den Ländereien des Lord Hawarden, ersann die ökonomische Einhaushaltskuh, um wenigstens den Bedarf seiner Landsleute an tierischem Eiweiß zu decken. Seine Schöpfung war eine Kuh, die alles Notwendige besaß, um eine irische Durchschnittsfamilie ausreichend mit Milch, Butter und Käse und letztendlich auch mit wohlschmeckendem Fleisch zu versorgen. Er kreuzte Kerrykühe, vom Namen her auch bei uns durch die irische Butter bekannt, mit ebenfalls einheimischen, zwergwüchsigen, schwarzen Bergrindern. Daraus entwickelte er die „Kerry-Dexter", eine später exklusiv nach ihrem Designer benannte Rinderrasse. Die schwarzen Kühe stellen keine hohen Ansprüche an ihre Unterkunft, vergleichbar nur den ausgesprochenen Robustrassen. Ein Unterstand für Wolkenbrüche und Schneegestöber reicht ihnen. Ebenso bescheiden sind sie bei der Fütterung. Sie nehmen auch mit kargen Weiden vorlieb. Allerdings muss man schon sehr genau hinschauen, wenn das Gras ein bisschen überständig ist, denn bei einer Schulterhöhe von einem Meter oder weniger können sie sich zwischen den hohen Halmen problemlos verstecken. Der grasende Meter bringt aber stattliche 300 Kilogramm auf die Waage. Bullen, im Stockmaß nicht viel höher, erreichen sogar 450 Kilogramm, wenn sie mit drei Jahren ausgewachsen sind.

Die Statur ist zwar zwergenhaft, aber die Milchleistung ist riesig. Die Milchkontrolleure registrieren im Schnitt 3 000 Kilogramm Jahresleistung mit einem Fettgehalt von zirka 4,5 Prozent. Mengen von 4 500 Kilogramm

und mehr sind keine extremen Ausnahmen. Das entspricht dem mehr als 15-fachen ihres Körpergewichtes.

Ausgangs des 19. Jahrhunderts importierten die Engländer den gesamten Dexterbestand Irlands. Sie waren nicht so sehr an den ökonomischen Vorzügen der Liliputkuh als vielmehr an deren exotischer Attraktivität interessiert. Es galt das Motto: je kurzbeiniger, desto lieber! Einer derartigen Selektion waren alsbald Grenzen gesetzt. Es traten Letalfaktoren in Form der sogenannten „Bulldogg-Kälber" zu Tage, die im siebten Trächtigkeitsmonat lebensunfähig abortiert wurden. Bei sorgsamer Zuchtwahl minimiert sich jedoch dieses Problem. Es gilt nur die einfache Regel zu beachten: Tiere mit sehr kurzem Röhrbein nur mit Tieren mit längeren Mittelfußknochen zu verpaaren. Heute ist die Zahl der Missgeburten in der kontrollierten englischen Dexterzucht nicht höher als in den Zuchten der vielen anderen Rassen.

Während in Großbritannien der Dexterbestand zwar klein, aber gesichert ist, sieht man auf deutschen Weiden höchstens einige Dutzend dieser Minimilchkühe. Sicherlich wäre aber auch für sie bei uns eine größere Verbreitung möglich. So etwa bei denen, die ein autarkes Leben auf dem Lande anstreben. Ihre Zahl steigt immer noch, wie die Konjunktur auf dem Immobilienmarkt der „Kotten und Resthöfe" belegt. Während die Selbstversorgung mit Getreide, Obst und Gemüse recht einfach zu realisieren ist, gestaltet sich die Milchproduktion schon problematisch. Schafsmilch ist gewiss nicht jedermanns Geschmack und bedarf der Gewöhnung. Dem Einfallsreichtum der Ziegen im Erschließen neuer Futterquellen ist schon manche sorgsam gehegte Gemüsekultur über Nacht zum Opfer gefallen, was die Zahl der Ziegensympathisanten unter den Alternativen in Grenzen hält. Unsere modernen schwarzbunten „Turbokühe" überfordern die meisten Hobbybauern nicht nur hinsichtlich ihrer Fütterung und Pflege, sondern auch mit ihrer Milchmenge. Welcher Haushalt kann schon täglich 20 oder mehr Liter Milch verbrauchen, auch wenn man tatkräftig Butter und Käse herstellt. Hier wäre eine Marktnische für die dackelbeinigen Kühe. So könnten sie die Grundidee des Mr. Dexter verwirklichen, die der Einfamilienversorgungskuh.

Pinzgauer

EIN TRAKTOR AUF DEM WEG ZUR MUTTERKUH

WER HAT DEN SCHÖNSTEN TRAKTOR IM LAND? Dieser zwar stets bestrittene, dennoch weit verbreitete Wettstreit unter den Landwirten, der nicht unbedingt von betriebswirtschaftlichen Überlegungen geprägt wird, ist keine Erscheinung der modernen Neuzeit. Ihn gab es schon vor der Erfindung der dampf- oder dieselgetriebenen Zugmaschinen. Schon in früheren Jahrhunderten wollte jeder Bauer mit dem kräftigsten, ausgeglichensten, ausdauerndsten und nicht zuletzt mit dem schönsten Gespann im Joch seine Scholle beackern. Da Pferde meist zu teuer oder gerade vom Militär konfisziert waren, bildeten letzteres meist Ochsen. Von besonders gutem, fast legendärem Ruf waren damals die aus dem Salzburger Land, die Pinzgauer.

Der Pinzgau, zwischen Hohen Tauern und Kitzbühler Alpen gelegen, ist für den alpinen Wintersport vorzüglich geeignet, weniger für die bäuerliche Landwirtschaft. Ein Rindvieh, das in dieser Region Karriere machen möchte, muss außergewöhnlich gesund, anspruchslos, robust und trittsicher sein. Reiseberichte aus dem vorigen Jahrhundert erzählen, dass die Kühe dort auf den Hochalmen zur Not auch Tannengrün fressen, um daraus köstliche Milch zu machen. Die Pinzgauer Mädels mussten Milch für Butter und Käse geben, die Buben, vom Triebe operativ befreit, mussten zugkräftig beim Ackern auf den Feldern, den heutigen Abfahrtshängen helfen. Da können und konnten nur die Besten bestehen.

Bei einem Wettziehen der Ochsen in München 1893 zog ein Gespann der „Obertaurer" immerhin mehr als zehn Tonnen, das Fünffache ihres Körpergewichts. Ein Jahr später in Berlin waren sie mit einer Kilometergeschwindigkeit von nur acht Minuten volle drei Minuten schneller als ihre Konkurrenz. Kein Wunder, dass sogar im Norden Deutschlands die Zuckerrübenbauern der Braunschweiger und Magdeburger Börde darauf erpicht waren, ihre schweren Böden mit muskulösen Pinzgauern zu bestellen und bevorzugt von diesen ihre schweren Erntewagen ziehen ließen.

Eine Hochkonjunktur erlebte die Rasse, als original österreichisches Gewächs, mit der Blüte des Hauses Habsburg. Parallel zur Ausdehnung der k.u.k. Monarchie etablierten sich Pinzgauerzuchten in Ungarn, Tschechien, Slowenien, Norditalien, in der Ukraine und in Rumänien. Hier überlebten die in der Stammheimat anfänglich als Glücksbringer geschätzten, später allerdings verpönten Schwarzen als „Dorma-Rasse". Im Gepäck von Auswanderern gelangten sie nach Südafrika, wo sie ihre Tropentauglichkeit unter Beweis stellten und dort bis heute eine ansehnliche Population bilden. Im urdeutschen Bayern waren die Pinzgauer bis zum Ersten Weltkrieg die Spitzenreiter der Rassenstatistik.

Neben ihren überzeugenden Leistungen entzückte ihr Aussehen die Ästheten unter den Viehzüchtern. Diese Schönheit hätte die Rasse beinahe ruiniert. Noch um 1850 gab es nicht nur braune, sondern auch helle, falbe, schwarze, gelbe und semmelfarbene Farbvarianten. Dann wurde um die Jahrhundertwende ein extremer züchterischer Farb- und Figurformalismus betrieben. Die Käufer der exquisiten Zugochsen legten großen Wert darauf, dass ihre Schmuckstücke schon von Weitem als solche zu erkennen waren. So wie heute ein echter Ferrari feuerrot, mussten damals echte Pinzgauer kastanienbraun sein, und wie ein Mercedes für Puristen nur mit einem Stern auf dem Kühler zählt, musste die Ochsen eine prägnante Bauch- und Rückenblässe zieren und die vier Beine mussten weiße Manschetten, Fatschen genannt, tragen. Die Züchter entsprachen diesem Käuferverlangen. Es wurden alle Tiere zur Zucht zugelassen, wenn sie nur keine Abweichungen vom Ideal der Farbtönung und -verteilung aufwiesen. Ob die Nutzleistungen den Erwartungen entsprachen, war fast nebensächlich. Ähnlichkeiten in dieser

Hinsicht mit der modernen Automobilindustrie sind rein zufällig. Der Rasse der Pinzgauer tat all dieses nicht gut. Wem nützen schon schöne Schlappis? Zudem sank die Nachfrage für wiederkäuende Schlepper, weil sich zwischenzeitlich die Bulldogs von Lanz auf den Feldern abrackerten. Die Milchleistung der Pinzgauer mit unter 3 000 Litern konnte nicht mit der des Braunviehs und des immer stärker werdenden Fleckviehs konkurrieren. So erlebte die Rasse nach dem Zweiten Weltkrieg einen rapiden Niedergang. In Österreich sank der Anteil der Pinzgauer am Hornviehbestand von über 20 Prozent auf unter vier Prozent.

Dass die aparten Bergvagabunden nicht völlig aus den Annalen der Rindviehzucht verschwunden sind, verdanken sie der Eigenschaft des Rindviehmuskels, nicht nur Kraft, sondern auch vorzügliche Steaks zu liefern. Die bestandsbedrohten Roten eignen sich erstklassig als Fleischlieferanten im Rahmen der Mutterkuhhaltung. Ihre Futterdankbarkeit, ihr ausgeprägter Herdenzusammenhalt, ihr freundliches Wesen, ihre gehaltvoll sprudelnden Euter und nicht zuletzt ihr almerprobtes Gangwerk prädestinieren sie geradezu als Weidemamas. Von den Haltern wird zudem das in der Population vorhandene und von den „Jochberger Hummeln" bekannte Gen für Hornlosigkeit gern gesehen. Schon immer war den Besitzern von Pinzgauergespannen bekannt, dass sich ihre Ochsen auch nach mehrjährigem Arbeitsdienst prima ausmästen lassen. Nach kürzester Zeit gehobener Fütterung liefern sie fast eine Tonne Schlachtkörper, dessen Fleischanteile besonders gut marmoriert sind. Damit sind sie nicht unbedingt für die Supermarkttheke geeignet, werden aber von den Gourmets ganz speziell geliebt. Jahr für Jahr kann sich ein internationales Publikum auf dem Oktoberfest in München vom besonders guten Geschmack überzeugen. Dort, in der berühmten, traditionellen Ochsenbraterei, werden ganze Ochsen am Spieß gebraten, und das sind nach guter alter Sitte echte Pinzgauer.

Hereford

HELLER KOPF ALS MARKENZEICHEN

DIE SZENE GEHÖRT zwingend in jeden klassischen Western made in USA, die früher bei uns so treffend „Cowboy-Filme" hießen: John Wayne (Robert Mitchum, James Stewart ...) als Forman auf dem großen Treck nach Santa Fe (Tucson, Laramy ...) bittet seine bewaffneten Viehhirten zum Round-up. Hoch zu Ross brüllt er: „Treibt die Longhorns zusammen (vorwärts, zurück, auseinander ...)!" Der Kinobesucher zweifelt an seinen Englischkenntnissen, denn die Rinder auf der Leinwand, die zum Wasser drängen, über einen Pass stolpern oder gerade ein Kleinkind zu zertrampeln drohen, sind nicht gerade durch besonders lange Hörner charakterisiert. Kennzeichnend für sie ist eher die rot gelockte Decke, aus der nur der Kopf, ein Stück des Widerristes, Brust, Bauch und Beine und schließlich die Schwanzquaste leuchtend weiß hervorlugen. Ein Großteil der sogenannten Langhörner ist sogar völlig hornlos. Die heimlichen Stars dieser Filme sind nämlich Herefords, eine Rasse, die der breiten Masse bei uns zwar dem Aussehen, aber nicht dem Namen nach bekannt ist. Die Rinder mit den hellen Lockenschöpfen wurden von den Regisseuren, besonders denen des Schwarzweiß-Genres, engagiert, weil sie allein in der Lage waren, eine vielköpfige Herde überzeugend darzustellen. Alle anderen Rassen können nur als mehr oder weniger dunkle, amorphe Masse durchs Bild donnern. Zudem bedurfte es keines besonderen Spürsinns sie aufzutreiben. Herefords sind in den Staaten die zahlenmäßig stärkste Fleischrasse.

Herefordshires sanft gewellte Wiesen im Südwesten Englands sind der Schoß der Rasse. Sattes Weideland wie aus dem Bilderbuch. Wenn irgendwo, dann hier, lernt ein Wiederkäuer aus schlichtem Gras köstliches Fleisch zu machen. Kein Wunder, dass die Farmer dort, wie etwa Vater und Sohn Tomkins (1714–1815), zu den Pionieren gehörten, die aus gutem Vieh mit viel Verstand, Kreativität und Erfahrung erstklassiges Vieh erzüchteten. Sie schufen aus den etwas ungeschlachten bodenständigen Zugtieren das kompakte

Fleischrind mit der starken Betonung der Vorhand. Für die Verfeinerung des Knochengerüstes nahmen sie eine Reduktion des Rahmens gern in Kauf. Schon im ansonsten recht bunt gezeichneten Ausgangsmaterial waren die hellen Köpfe oft vertreten. Sie sind ein Erbe von Vieheinkäufen, die Lord Scudemere um 1600 in Flandern tätigte und an die Auen des River Wye importierte. Vor nunmehr über 200 Jahren sind die weißen Gesichter zum Markenzeichen der Herefords avanciert, zum Nutzen und Vorteil für Leute wie Richard Hewer senior und junior. Diese sorgten um die Wende zum 19. Jahrhundert mit einem wohl durchdachten System des Bullenverleihs für eine starke Verbreitung der Rasse. Ihre verleasten Vatertiere waren am weiß-blonden Lockenschopf schon von Weitem zu erkennen, wenn sie im englischen Südwesten im flächendeckenden Vermehrungseinsatz standen. Weil sich die Weißkopfgene durchschlagend dominant vererben, waren auch deren Nachkommen leicht zu zählen, was die Abrechnung stark vereinfachte. Diese „rent a bull"-Unternehmen führten 50 Jahre sorgfältig ihre Zuchtbücher mit lückenlosen Leistungsaufzeichnungen, bevor 1846 der erste Band des Herdbuches erschien. Dieses wurde schon 1883 für Neuzugänge mit nicht exaktem Abstammungsnachweis geschlossen. So wurde frühzeitig für die Solidität des Typs durch Reinzucht gesorgt.

Die Kunde über die besonderen Fähigkeiten der Herefords in der Grasveredlung erreichte Rancher in allen Ländern des Erdballs, wo Weiden in Hülle und Fülle zur Verfügung standen. 1817 landeten die ersten Bleichgesichter in den USA, wenig später in Argentinien, Brasilien und Uruguay, nicht zu vergessen in Kanada. Saftige Betätigungsfelder und -weiden fanden sie in Südafrika, Australien und Neuseeland. Heute werden sie in rund 60 Ländern weltweit systematisch gezüchtet. Bei dieser Internationalisierung kommt den weißköpfigen Südwestlern ihre unbegrenzt erscheinende Anpassungsfähigkeit zustatten. Einerlei, ob in heißen oder kalten Klimaten, bei feuchtem oder trockenem Wetter, auf fetten oder mageren Weiden, sie tun stets ihr Bestes, nämlich Gras in Fleisch verwandeln. Hin und wieder bereiten ihnen bei sehr starkem Sonnenschein die unpigmentierten Augenlider Probleme. Da sie nicht wie Heino eine Sonnenbrille tragen können, leiden sie unter rosa Augen, der „pink eye disease".

Auf den oft gigantisch dimensionierten überseeischen Ländereien mussten die Fleischbrocken etwas besser zu Fuß sein. So wurde im Ausland ihr Rahmen mit einigen Tropfen Shorthornblut erweitert und ihre Linien ein wenig gestreckt. Heute peppen diese als Reimporte ihre britischen Ahnen zu marktgerechteren Beefblocks auf. Die im Umgang mit Rindern praktische Hornlosigkeit erwarben die Herefords in den USA zum Ende des 19. Jahrhunderts von der Konkurrenz, den Aberdeen Angus, in England, nur kurze

Zeit später, von ihren Vettern, den Galloways. Inzwischen sind fast die Hälfte aller Herefords „polled", hornlos, mit zunehmender Tendenz.

Trotz weniger ausgedehnter Weideflächen gelangten die blond gelockten Briten auch nach Deutschland. Wilhelm I. (1781-1865), König von Württemberg und weitsichtiger Sammler wertvoller Zuchttiere aus aller Welt, hielt sie neben arabischen Vollblutpferden und chinesischen Maskenschweinen auf seinen Privatgütern. „Herefords haben sich in Deutschland nicht bewährt. Ihre Milchergiebigkeit ist unbefriedigend und die ausgemästete Nachzucht wird nicht so bezahlt, dass damit die Milcheinbußen abgedeckt werden könnten!" Dieses vernichtende Urteil, aus dem Jahre 1854 stammend, hatte über einhundert Jahre Gültigkeit. Alle zwischenzeitlichen Haltungsversuche von Herefords scheiterten an der teutonischen Neigung zur Intensivmast, auf die die englischen Grasconverter mit totaler Verfettung reagieren. Eine Revision bietet die derzeitige Extensivierung weiter Bereiche der Landwirtschaft. Bei ganzjähriger Freilandhaltung sind die Herefords ideale Brachlandpfleger. So könnten bald auch bei uns in manchen Regionen die hellen Köpfe landschaftsprägend werden.

Chianina

WEISSER RIESE DER TOSCANA

JEDER ZUCHTVERBAND versieht die von ihm vertretene Rasse gerne mit einem Superlativ. Sie sei die größte, kurzbeinigste oder schwärzeste Rasse der Welt. Vorteilhaft ist dabei, dass die Angaben nur selten überprüfbar sind. Den Titel der ältesten Kulturrasse in Europa trägt die italienische „Raza Chianina" aber wohl unbestritten.

Die Stammtiere wurden von den Etruskern schon im achten vorchristlichen Jahrhundert aus Kleinasien mit in die fruchtbare Ebene zwischen Arno und Tiber gebracht. Sicherlich hatte Vergil diese schneeweißen Hornträger vor Augen, als er ca. 40 v. Chr. in der „Aeneis", dem römischen Nationalepos, große helle Ochsen als Opfertiere der Gründerväter beschrieb. Die Chianinaähnlichkeit der antiken Stierdarstellungen in Skulpturen, Fresken und Reliefs ist augenfällig. Zunächst nur Objekt der Kunst, waren sie später selbst aktiv in das Kulturgeschehen eingespannt. Ein Michelangelo hätte seine großartigen Figuren, wie den David, nicht aus dem Marmor klopfen

können, wären ihm nicht die Rohblocke aus Carrara von Chianinas frei
Haus geschleppt worden. Einem weltweiten Publikum, in dem Rinderfans
eine verschwindende Minderheit bilden, präsentieren sie sich zweimal jähr-
lich beim Palio in Siena. Dieses mörderische mittelalterliche Pferderennen
wird von 100 000 live und von Millionen am Fernsehschirm gespannt verfolgt. Der Siegespreis, traditionell eine kunstvoll bemalte Standarte, wird
von einem Ochsenquartett aus dem Val de Chiana auf den sienesischen
Campo gebracht.

　　Die bei der Geburt zunächst braunbehaarten Kälber nehmen etwa im
Alter von vier Monaten die rassetypische weiße Fellfarbe an, wobei nur an
der Schwanzspitze, dem Flotzmaul und an den Augenlidern die dunkle Pig-
mentierung der Haut sichtbar ist. Diese Kombination von weißen Haaren
und schwarzer Haut hat nicht nur ästhetisch-kosmetische Bedeutung – sie
verleiht dem Fell seinen porzellanartigen Glanz –, sie verhilft den Tieren
auch zu einer Hitze- und Sonnentoleranz, die man ansonsten nur von den
Zeburassen und ihren Kreuzungen gewohnt ist. Diese Tropentauglichkeit
hat die Chianinas zum beliebten Exportrind für die äquatornahen Länder
der Dritten Welt gemacht.

Das Faszinierendste dieser Rasse mit den kurzen schwarz gekrönten Hörnern ist jedoch ihre enorme Körpergröße. Vier geografische Varietäten werden unterschieden: die großen, dabei aber sehr genügsamen Calvarna, die noch größeren Perugina und Valdarno und schließlich die gigantischen Val di Chiana. Ausgewachsene Bullen des letztgenannten Typs messen am Widerrist 1,70 Meter bei einem Gewicht von ungefähr 1,5 Tonnen und selbst die Kühe sind mit 1,60 Meter und 800 Kilogramm recht stattliche Erscheinungen. Gigantische Dimensionen sollten die Tiere auch haben, wenn sie den schweren Acker der Toskana pflügen wollten, was heute nur Kettenraupen mit dem Einschar schaffen. Florentinische Knechte mussten vermutlich beim Einjochen dieser ursprünglich reinen Arbeitsrasse stets eine Trittleiter zur Hand haben, denn die Ochsen erreichen gar eine Schulterhöhe von über 1,90 Meter, wobei ihr Temperament ausgeglichen und friedfertig ist, wie es sich für einen vierbeinigen Traktor geziemt. Bereits legendär ist der Bulle „Donetto", der im Jahre 1955 auf einer landwirtschaftlichen Ausstellung im italienischen Arezzo der staunenden Jury sage und schreibe 1 750 Kilogramm strotzende Körperkraft präsentierte. Er hält damit den Schwergewichtsweltrekord aller Rasserinder bis heute, wie ein Blick auch in die neueste Auflage des Guiness-Buches der Rekorde beweist.

Die trotz ihres Gardemaßes bestehende Anspruchslosigkeit im Futter erleichterte nach Einführung der dieselgespeisten Zugmaschinen in die Landwirtschaft die Umschulung der Chianinas vom Arbeitstier zum Nahrungslieferanten. Ihr Fleisch ist von erlesener Qualität und besonderer Zartheit. Das über die Grenzen der Toscana berühmte und von Gourmets geschätzte „bistecca fiorentina" wird von jungen Rindern aus dem Arnotal gewonnen. Dazu mundet vorzüglich ein Glas Chiantiwein. Dieser ist ein Hochgenuss, wenn er rein und unvermischt ist, was manchen in der Chemie bewanderten Winzer überraschen wird. Gleiches gilt für die Chianinas. Ihre eigentlichen Rassequalitäten kommen nur bei der Reinzucht zum Tragen. US-Steakproduzenten, fasziniert von den gigantischen Dimensionen der hochbeinigen Italiener, kreuzten Importchianinabullen in ihre Mutterkuhherden ein. Die Nachkommen erfüllten allerdings nur bedingt die hochgesteckten Erwartungen. Eine feste Anstellung jenseits des Atlantiks gibt es für die schrittgewaltigen Toscaninis dennoch. Ochsengespannfahren ist in den Staaten Freizeitsport mit erstaunlichen Zuwachsraten. Alle Fleischrassen mit Zugerfahrung finden dabei Verwendung. Die meistbewunderten Luxusgespanne bei den Championaten stellen aber immer die weißen Riesen der Toscana.

Aberdeen Angus

BEEF BLACK BLOCKS

DER HYPOTHETISCHE Konstruktionsauftrag lautet, eine optimale Fleischrasse zu entwerfen. Die Lösung scheint ganz einfach. Man muss nur frühreife und fruchtbare, dazu langlebige, aber auch milchreiche, vor allem gesunde, möglichst leichtkalbende und zudem genügsame Kühe mit wohlproportionierten und fleischreichen, zudem aber feinknochigen, in jedem Fall frohwüchsigen, nicht zu vergessen friedfertigen und unbedingt leichtfuttrigen, zusätzlich ausnehmend robusten Bullen verpaaren. Wenn dann die Kälber von Anfang an agil und damit lebenskräftig, weiterhin entwicklungsfreudig, bei Bedarf klimatisch anpassungsfähig, selbstverständlich pflegeleicht und möglichst angeboren hornlos sind, stimmt das Design, vorausgesetzt, dass die Fleischqualität in Farbe, Geschmack, Marmorierung und Fettabdeckung und natürlich auch die Fleischquantität den Verbraucherwünschen entspricht. Das Problem ist wohl doch etwas komplexer. Derartig komplizierte Planungen sind am traditionellen Reißbrett nicht mehr zu bewältigen. Aber wofür gibt es heute Computer? Gefüttert mit all diesen Vorgaben soll er uns die Imagination des Fleischschrindes schlechthin auf den Monitor projizieren. Sein Entwurf wird nach überschlägiger Skizzierung, vielfaktorieller Berechnung und sorgfältiger Abwägung in jedem Falle verblüffende Ähnlichkeit mit den Aberdeen Angus haben.

Auch ohne Mikrochiptechnik wurde diese Rasse schon vor gut 200 Jahren in Schottland erzüchtet. Damals bestand ein immens wachsender Fleischbedarf in den Industriezentren Mittelenglands, der aus dem direkten Umland nicht mehr zu befriedigen war. Mit Masttieren aus ferneren Regionen wie Schottland oder Wales war kein Geschäft zu machen, so lange sie zwar wohlgenährt die heimatlichen Weiden verließen, aber auf den Hektomeilen langen Fußmärschen zu den Schlachthöfen von Birmingham oder Manchester kiloweise Substanz einbüßten. Die Revolution kam mit der Erfindung der Eisenbahn und der Dampfschifffahrt. Fortan konnten auch aus den entferntesten Winkeln des großbritannischen Mutterlandes Tiere komfortabel unter Schonung der angefressenen Muskelmassen zu den verbrauchernahen Märkten chauffiert werden. Die Viehzüchter an der schottischen Ostküste reagierten als erste auf die sich bietenden Marktchancen und kreierten die erste reine Fleischrasse, die nicht den Umweg über den Arbeitsdienst gehen musste. In ihrer Gegend waren schon immer Landschläge keltischen Ursprungs heimisch, die genetisch hornlos waren. Damit boten sie sich für die Reisen per Bahn an. Bei ihnen ist das Risiko von Transportverletzungen minimiert. Die in Aberdeenshire „Humlies" und im Angusflachland „Doddies" genannten Kahlköpfe waren den bis heute urtümlich gebliebenen Galloways nicht unähnlich. Sie bildeten die Stammherden, aus denen Zuchtpioniere wie Hugh Watson, William McCombie und George MacPherson das Fleischrind Aberdeen Angus schufen. Der erste ist als Begründer, der zweite als Ausformer und der dritte als Vervollkommner der Rasse in die Geschichtsbücher der Tierzucht eingegangen.

Kurzporträtiert sind die Aberdeen Angus ein massiger schwarzer Fleischblock auf vier kurzen Stützen. Die Hinterhand als Träger der wertvolleren Teilstücke wie Rumpsteak oder Filet ist besonders betont. Das Skelett ist nur wenig ins Gewicht fallend. Das ruhige, ausgeglichene, geradezu friedfertige Temperament der Kühe, Ochsen und auch der Bullen bleibt dem Herdenbesucher in angenehm nervenschonender Erinnerung. Die Kühe sind bereits mit 15 Monaten zuchtreif. Da ihre Fruchtbarkeit der von Kaninchen in nichts nachsteht, kalben die meisten im Alter von gerade zwei Jahren erstmalig. Dieses Ereignis ist dennoch für den Kuhhalter keine aufregende, um den Schlaf bringende Angelegenheit. Die Kälber sind mit gerade 30 Kilogramm auch für eine mittelrahmige Rasse sehr leicht. Zudem sind sie anatomisch recht geburtswegschnittig. Sie können also unverzüglich post partum mit dem Wachsen beginnen und bis zu ihrem ersten Geburtstag täglich über ein Kilogramm zunehmen, wohlgemerkt bei vornehmlicher Weidehaltung.

Ein so annähernd vollkommenes Zuchtprodukt war und ist ein Exportschlager. Alle großen fleischverzehrenden Länder dieser Erde, wie die USA, Argentinien, Australien, Neuseeland oder Südafrika haben seit der Mitte des neunzehnten Jahrhunderts Aberdeen-Angus-Tiere importiert und eigene Zuchten mit den Schotten aufgebaut. Die Zahl der Hochzuchtherden ist dennoch, gemessen an der internationalen Bedeutung, exklusiv geblieben. Die Reinblütigen sind fast zu schade für den direkten Weg zum Schlachthaus. Sie stellen hauptsächlich die Deckbullen für züchterisch wenig definierbare Kommerzherden zur Verfügung. In denen sorgen diese dann mit ihren durchschlagenden Genen für das optimale Endprodukt. Daneben sind reine Milchviehherden ein gefragter Einsatzort für die unbehornten Beschäler. Hier haben sie das „ius primae inseminationis". Sie besorgen die Färsenvornutzung. Es hat sich nämlich bei den Milchbauern herumgesprochen,

dass die Kalbinnen, je weniger sie bei der Erstgeburt leiden, um so mehr Milch geben, eine kürzere Zwischenkalbezeit haben und folglich das betriebswirtschaftliche Ergebnis verbessern.

Wie es sich für so extreme Ansatztypen geziemt, setzen die Aberdeen Angus im Futter überschüssige Stärkeeinheiten nicht in Schweiß, Bocksprünge oder innerartliche Kämpfe um. Sie bauen daraus lieber Körpermasse und Depots für schlechte Zeiten auf. Diese Reserven sind das schiere Fett. Für die ursprüngliche Zielgruppe der Aberdeen Angus, die englischen Industriearbeiter, war das Schwubbelige am Rinderbraten ein willkommener Energiespender für ihre schwere körperliche Arbeit. Heute in der geänderten Arbeitswelt ist daraus ein Stoff geworden, aus dem die Wampen sind, der die Cholesterinwerte in schwindelnde Höhen treibt und die Arterien sklerotisiert.

Die schwarzen Fleischfettklopse brauchten deshalb in den sechziger Jahren des zwanzigsten Jahrhunderts ein neues Outfit. Die Umzüchtung im Heimatland zu längeren Linien, fettärmeren und fleischreicheren Kompositionen, höheren täglichen Zunahmen und größeren Endgewichten gelang mit Reimporten aus Kanada und den USA. Dies geschah zunächst nur mit schlechtem patriotischen Gewissen, bis schließlich 1976 auch „Queen Mum", immerhin seit 1937 Patronin der Aberdeen-Angus-Züchtergesellschaft, in ihrer eigenen Herde Bullen aus den ehemaligen Kolonien einsetzte. Folge dieser Renovierung ist, dass die Aberdeen Angus den mittleren Rahmen fast verlassen haben und das 400-Tage-Gewicht um gute 25 Prozent auf zwölf Zentner gesteigert haben. So eine radikale Modernisierung spricht für die Flexibilität des Zuchtverbandes, der bereits seit 1863 aktiv ist. Er berät die Züchter nicht nur in biotechnischen, sondern auch in den ebenso wichtigen ökonomischen Fragen. Er zeigt den Bauern, was Marketing ist, richtet eigene Angus-Steakhäuser ein, in denen der Konsument von der besonderen Fleischqualität der Ostschotten überzeugt wird, sorgt für die notwendige Public Relations, kreierte ein eigenes Label für den Ab-Hof-Verkauf und unterweist die Erzeuger in der Selbstvermarktung. Bei einem solchen Verband darf man sicher sein, dass bei allen Unwägbarkeiten des zukünftigen Rindermarktes die Aberdeen Angus immer das passende Design haben werden.

Salers

DER SCHATZ DER AUVERGNE

WAS DEN DEUTSCHEN ihr „Hermann" (der Cherusker), ist den Franzosen ihr „Vercingetorix" (der Auvergner). Während jener Teutone im Jahre 9 die Truppen des Varus im Teutoburger Wald gründlich verdrosch, führte der Gallier bereits 52 v. Chr. seine Mannen gegen die römischen Legionen in den Krieg. Bekanntermaßen verlor er diesen und anschließend sein Leben anno 46, nachdem er in Ketten von Cäsar im Triumphzug durch Rom geführt worden war. Was nur konnte einen Bauernhäuptling aus der Auvergne so in Rage gebracht haben, dass er sich mit dem übermächtigen Imperator aus dem fernen Italien anlegte. Wahrscheinlich hatte sich dieser am größten Schatz der Auvergner vergreifen wollen. Das ist in einer Agrarregion, wo Landwirtschaft bis heute vornehmlich Weidewirtschaft heißt, nicht Gold und nicht Silber, sondern das Vieh. Hier speziell ist es ein großes rotes Rind, das seit der Mitte des 19. Jahrhunderts auch außerhalb der Grenzen des Zentralmassivs bekannt wurde unter dem Namen „Salers".

Die Auvergne ist eine Region, in der es für Durchschnittsvieh nicht gut Kuh sein ist. In Höhenlagen zwischen 700 und 2 200 Metern beansprucht der Winter nicht nur ein Quartal, sondern fast die Hälfte des Jahres für sich und auch in den übrigen Jahreszeiten ist das Wetter meist neblig feucht, nur unterbrochen von kräftigen Regenschauern, die aus dem sauren vulkanischen Boden auch noch die letzten Mineralien auswaschen. Eine hart selektierte Rinderrasse vom Schlage der Salers ist da nicht nur ein Schatz, sondern sie ermöglicht erst das bäuerliche Leben in einer solchen unwirtlichen Gegend. Wie ihre kleinen, ebenso rot gelockten Cousinen aus dem schottischen Hochland wurden die mit fast 1,50 Meter Schulterhöhe sehr stattlichen Salers nicht nur ein- oder zwei-, sondern vielseitig genutzt. Sie verrichteten für ihre Züchter alle Jobs, die nur irgendwie von einem Rindvieh bewältigt werden können.

Heute zählen die braun ondulierten Franzosen zu den Fleischrindern, jedoch ohne „nur" Mutterkuh zu sein. Wie es sich geziemt, entwickeln ihre Kälber bei Fuß in einem dreiviertel Jahr 300 Kilogramm Körpergewicht, das zu über 60 Prozent Babybeef erster Güte ist. Das Fleisch ist besonders herzhaft, was bei der täglichen Marschleistung der Zöglinge auf den eisenharten Klauen nicht überrascht. Mit der Aufzucht der Kälber ist die Milchleistungsfähigkeit der Kühe noch nicht erschöpft. Die eine oder andere Kanne gehaltvoller Milch wäre auch noch für den Bauern übrig. Allerdings sind die Salers so mütterlich, dass sie ihre Euter exklusiv für ihre Nachkommen reserviert halten. Zu einem Milksharing sind sie so ohne weiteres nicht bereit. Sie reagieren auf den maschinellen Milchraub mit dem von Melkern gefürchteten Milchaufziehen. Um dennoch aus ihrem Kaffee einen „au lait" machen zu können, täuschen die Auvergner ihre Kühe. Sie binden die Kälber an die Schulter der Mutterkuh. Die wird durch den Anblick, den Geruch und das Blöken des Kalbes so verzückt, dass sie den hinterhältigen Milchdieb gewähren lässt. Der Trick ist allerdings keine französische Erfindung, sondern eher eine multikulturelle Errungenschaft. Mongolen wenden ihn an, wenn sie ihre Yaks melken, Fulbe in Westafrika, wenn sie bei den Sangas ihre Kalebassen füllen. Indios tricksen so ihre Criollos aus und die Bengalen betrügen damit die von ihnen ansonsten als heilig angesehenen Zebus. Selbst die alten Ägypter kannten ihn schon. Sie haben so ihre der Göttin Hathor geweihten Kühe überlistet, wie Reliefdarstellungen aus dem Tal der Könige in Luxor belegen.

Die Vorfahren der Salers kamen nicht erst vor einigen hundert, sondern bereits vor ein paar tausend Jahren mit der ersten Welle domestizierter Rinder von Mesopotamien über das Land der Pharaonen, Nordafrika und die Iberische Halbinsel in das raue Hügelland der Auvergne. Die verblüffende

Ähnlichkeit des marokkanischen Rotviehs, der spanischen Retintas und der portugiesischen Alentejanas mit den langgehörnten, mahagonifarbenen Franzosen ist mehr als Beleg für die frühgeschichtliche Viehwanderung. Während die meisten Zweige dieses Kulturzuges Richtung Norden komfortable Niederlassungen fanden, verschlug es die Salers in das zentralmassive Unland. Den Sommer verbringen sie auf den Hochweiden hart an der Baumgrenze. Zum Spätherbst streben sie talwärts in die Ställe, obwohl sie robust genug wären, auch die langen Winter im Freien zu verbringen. Die Talwanderung treten sie nur den Bauern zum Gefallen an. Sowohl der Beginn als auch das Ende der Bergtour ist in Chantal und Umgebung ein riesiges Volksfest und um dieses Vergnügen wollen die Salers ihre Hirten nicht bringen.

Die harte Schule der Selektion zahlt sich jetzt aus. Inzwischen werden die Salers in beachtlichem Umfange als Veredler bei den spanischen und portugiesischen Verwandten eingesetzt. Neuseeland, Australien, Argentinien und die USA sind auf den Salergeschmack gekommen und auch unsere Weidegründe werden von ihnen erobert. So bleiben sie nicht nur der Schatz der Auvergne, sondern könnten auch jener der Eifel, des Chiemgaus und der Lüneburger Heide werden.

Simmentaler (Fleckvieh)

SCHWEIZER EXPORTSCHLAGER

DIE KLEINE SCHWEIZ ist für vier ihrer Erzeugnisse weltberühmt: die Schokolade, den Käse, die Uhr und das Nummernkonto. Für die beiden erstgenannten Produkte ist gehaltvolle Milch die unverzichtbare Voraussetzung. Deren Quelle liegt für die Schweizer im Berner Oberland, bei uns bekannt durch Heidi und ihren Almöhi. Hier ist die Flora für die Milch spendenden Wiederkäuer von exquisiter Güte, nur vergleichbar mit den fetten Marschweiden an der Nordseeküste. Das Tal der Saane (ohne „h") ist die Wiege der weltweit ergiebigsten Milchziege, der weißen Saanenziege. Im benachbarten Tal der Simme entstand eine Rinderrasse, die berühmt ist für ihre Größe, Schönheit und vor allem für ihre sprudelnde Milchigkeit, das Simmentaler Fleckvieh.

Bereits im Mittelalter waren die sagenhaften Superkühe aus dem Berner Oberland in den benachbarten Alpentälern wie auch im weiter entfernten Voralpengebiet wohl bekannt. Vor dem Dreißigjährigen Krieg schon erwarben der Pfalzgraf von Heidelberg und der Fürstbischof von Bamberg für ihre betriebseigenen Höfe Zuchttiere aus dem Simmental. Deren Nachkommen trugen, wenn auch zunächst nicht sehr nachhaltig, zur Verbesserung der regionalen Landschläge bei. Der eigentliche Boom des Schweizer Großviehs begann auf der Weltausstellung in Paris anno 1855, wo es die Kuhfreaks aller Kontinente faszinierte. Heute wäre Rindvieh auf einer EXPO nur schwer vorstellbar. Inzwischen werden Simmentaler, wenn auch unter verschiedenen Etiketten, in ganz Europa, ja fast der ganzen Welt gezüchtet. In Italien zum Beispiel firmieren sie unter „Pezzata Rossa Friulana", in Frankreich unter „Pie Rouge de l'Est", in Ungarn unter „Tarka Tehenek" oder in Bulgarien unter „Kula". In Deutschland stellen sie als „Fleckvieh" südlich des Weißwurstäquators die vorherrschende Rasse.

Auch in Bayern hatte der Mangel an Winterfutter über Jahrhunderte die mickrigen, an Hunger gewöhnten Landschläge am Leben erhalten und die Zucht eines leistungsstarken, aber anspruchsvollen Viehs verhindert. Dieses

historische Problem der ausreichenden Futterversorgung war gelöst dank der agrarwissenschaftlichen Chemie und Technik, die zu Beginn des neunzehnten Jahrhunderts allmählich auch auf den Bauernhöfen Einzug hielten. Max Obermayer, Gast- und Landwirt aus Gmund am Tegernsee, war einer der Pioniere, die frühzeitig den neuen Markt für milchergiebige, fleischreiche und unter dem Joch zugkräftige, aber pflegeintensive Superrinder erkannten. Zwischen 1837 und 1890 fuhr er alljährlich ins Berner Land, um Spitzentiere für daheim zu erwerben. Nicht zuletzt seinen Importen verdankt der Zuchtviehmarkt in Miesbach seinen bis heute guten Ruf weit über die bayrischen Grenzen hinaus. „Die größten Ochsen und Rindviecher kommen von dort." Diese Behauptung darf man getrost als Kompliment verstehen. Fast Legende in der Fleckviehzucht ist der 1904 im Simmental erworbene Stier „Regent 566". 92 seiner Söhne und 285 seiner Enkel waren als Deckbullen aktiv. Bis 1930 fanden über 1 800 seiner männlichen Nachkommen in direkter Linie die Anerkennung der Körkommissionen. Wahrscheinlich gibt es bis heute bei uns kaum ein Fleckvieh, das nicht wenigstens eine Spur seines Blutes in den Adern hat.

Bis zum Ersten Weltkrieg war das Fleckvieh eine wahrhaft gigantische Rasse mit fast 1,50 Meter hohen Kühen und Stieren mit über 1,60 Meter Stockmaß. Ochsen von solchen Eltern konnten bei der Arbeit schon einiges bewegen. Nach 1918 ging es allerdings mit dem Gardemaß bergab. Kraftfutter für die vierbeinigen Traktoren war knapp. Die Nutztiere sollten in rauen Mengen so genanntes Grundfutter fressen und dabei möglichst wenig der Energie für den Eigenbedarf verbrauchen. Dadurch wurde der gewünschte Fleckviehtypus kurzbeiniger, tiefrumpfiger und abgedrehter. Die Autarkiebestrebungen des Dritten Reiches verstärkten diesen Trend zum Kompaktrind. Um 1960, als das Wirtschaftswunder auf dem Maximum war, hatte die Körpergröße des Fleckviehs das Minimum erreicht. Die Kühe waren nur noch knapp 1,30 Meter hoch und recht pummelig auf den kurzen Beinen. Doch seitdem jedwedes Futter in jeglicher Menge von überall her importiert werden kann, geht es wieder stattlich bergauf.

Heute präsentiert sich das Fleckvieh als echtes Zweinutzungsrind mit erstaunlichen Leistungsdaten. Ausgewachsene Bullen messen fast 1,60 Meter und Kühe 1,45 Meter und mehr. Sie lassen aus ihren Eutern im Durchschnitt über 5 500 Liter Milch in die Kannen fließen mit über vier Prozent Butterfett und fast 3,5 Prozent verkäsbarem Eiweiß. Jahresleistungen von acht-, neun- oder gar zehntausend Kilogramm Milch sind keine Besonderheiten. Einzelkühe, die auf eine Lebensleistung von über 100 Tonnen zurückblicken, werden immer häufiger wohlgefällig registriert. Darüber hinaus beweist das weiß gesichtige Höhenvieh, dass eine im Stoffwechsel umsatzstarke Rinderrasse auch zu enormen Ansatzleistungen fähig ist. Fleckvieh kann dabei mit jeder spezialisierten Mastrasse konkurrieren.

Tägliche Zunahmen von 1 300 Gramm und eine Ausschlachtung von 60 Prozent mit über 70 Prozent schierem Fleischanteil erfreuen nicht nur Mäster und Metzger, sondern auch die Verbraucher. Auch außerhalb ihrer Stammzuchtgebiete in Bayern, Baden-Württemberg und Hessen sind die „Fleckies" seit den achtziger Jahren in ganz Deutschland Basis für diverse Qualitätsfleischprogramme.

Schiffsreisen sind wegen der drohenden Seekrankheit früher gewiss nichts für Alpenkühe gewesen. Aber mit der Perfektionierung der künstlichen Besamung und des Embryotransfers haben die Simmentaler auch die überseeischen Rinderherden erobert. Cowboys, Gauchos und Vaceros waren von den Mastleistungen der rot gefleckten Bleichgesichter gleichermaßen fasziniert. Ihr respektabler Milchstrom ließ die Kälber auf den Pampas und Prärien in nie gesehener Geschwindigkeit wachsen. Heute sind in allen fleischerzeugenden Ländern der Erde die Simmentaler erste Wahl, wenn es gilt, eine Mutterkuhherde zu modernisieren. Die deutschen Verbände offerieren ihrer internationalen Kundschaft Fleckvieh in der erstklassigen Standardausführung mit einer ganzen Reihe von Extras.

Bei Bedarf werden sie zum Beispiel hornlos geliefert. Das dafür verantwortliche Hummelgen ist schon seit grauer Vorzeit bekannt, wird aber erst seit dem Exportboom intensiv züchterisch bearbeitet. Für die Tropen wird den Tieren eine Sonnenbrille in Form dunkel pigmentierter Augenringe verpasst und für die nördlichen Breiten werden sie mit einem wärmenden Lockenpelz ausgestattet.

Die Fellfärbung des Fleckviehs ist recht variabel. Die Grundfarbe ist Elfenbeinweiß, zu sehen am Kopf, an der Schwanzspitze, am Unterbauch und an den Beinen abwärts der Fußwurzelgelenke. Die Färbung der mehr oder weniger ausgedehnten Scheckung reicht von Weizengelb und Beige über Ocker und Braun bis Kastanienrot mit allen Zwischentönen und Übergängen. Eine so detaillierte Beschreibung der Farben ist angebracht, was eine Malaktion in bayrischen Kindergärten zum Thema „Bauernhof" zeigt: Ein Drittel der Knirpse nämlich kolorierte die Kühe lila.

Eringer

ALPINE KAMPFKUH

Z U WILHELM TELLS ZEITEN hütete in der Schweiz jedes Tal seinen eigenen Rinderschlag. Jeder von diesen hatte fast Rassecharakter dank der geografischen Isolation, sprich ungünstigen Verkehrsverbindungen. Die meisten sind inzwischen nur noch Geschichte, soweit sie nicht vom Schweizer Braunvieh aufgesogen, durch Simmentaler ersetzt oder von Holsteinern verdrängt wurden. Eine Ausnahme bilden die dunkelroten, fast schwarzen Rinder aus dem Kanton Wallis, die Eringer. Ihre Existenz sichert gewiss nicht die Milchleistung von zwei- bis dreitausend Litern, nicht ihre unbestrittenen Bergsteigerqualitäten, die sie feinste Muskeln bilden lässt, und bestimmt nicht die oft gerühmten Packtiereigenschaften der Ochsen. Ihr Überleben verdanken sie einer Schnapsidee der Senner und Bauernburschen, den Kuhkämpfen der Eringer.

Rinder sind keine Singles, sondern soziale Wesen. Eine Kuhherde ist aber kein anarchistischer Haufen, sonderen durch eine klare Rangordnung gegliedert. Die Positionen innerhalb der Hierarchie werden durch Kämpfe jeder gegen jeden ermittelt. Spätestens seit der Lektüre des „so genannten Bösen" von Konrad Lorenz ist bekannt, dass diese ritualisierten Prügeleien nicht das Produkt von moralischen Irrungen und ethischen Wirrungen sind, sondern biologisch sinnvolle, evolutionäre Anpassungen. Welchen sozialen Rang eine Kuh einnimmt, ist nicht nur von ihrer Körpergröße und Kraft, sondern auch von ihrem Alter, ihrer Erfahrung, ihrer Geschicklichkeit und Cleverness und nicht zuletzt von ihrer Aggressivität und ihrem Selbstbewusstsein abhängig. Dies gilt natürlich für alle Rinder und besonders für die Eringer.

Diese stehen im Winter zu zweit oder zu dritt in kleinbäuerlichen Ställen. Im Wallis liegt zu der Jahreszeit so viel Schnee, dass selbst die Härtesten der Robusten draußen nichts mehr zu fressen finden. In diesen Kleinstkernherden bestehen klare soziale Verhältnisse. Im Frühjahr, sobald es der

zurückweichende Schnee zulässt, werden alle Kühe des Dorfes gemeinsam auf den Gemeindeanger getrieben. Flugs bildet die so neu erstellte Herde ihre Rangordnung aus. Knapp aneinander gewöhnt werden sie mit fremden Gruppen aus verschiedenen Dörfern zusammen auf der Maiensässe in halber Höhe geweidet. Wieder gibt es im wahrsten Sinne des Wortes etwas an die Glocke im Dienste der Sozialordnung. Im Hochsommer schließlich erklimmen alle Kühe des Tales die Hochalp in fast 2 500 Meter Höhe. Erneut werden die Stirnwaffen gewetzt um festzulegen, wer die Chefin auf der Alm ist, die die besten Kräuter für sich beanspruchen kann, die komfortabelsten Ruheplätze belegen und zuerst an der Tränke den Durst löschen darf.

Es ist nicht überliefert, ob Jackel und Johannes aus dem Oberwallis oder Jaques und Jean aus dem Unterwallis die ersten waren, die dieses universelle Rindviehverhalten für einen folkloristischen Wettkampf entdeckten. Jeder Senner ist selbstverständlich von den herausragenden, unübertrefflichen Fähigkeiten der Kühe überzeugt, die von ihm gehütet werden. Nichts ist dann naheliegender als eine mehr oder weniger ernstgemeinte Wette. Aus dem anfänglichen Hirtenspaß ist im Val d'Herence im Laufe der Zeit ein Volksfest geworden, eine Zuschauerattraktion, bei der die Touristen nicht unbedingt stören. Seit nunmehr über 80 Jahren finden die Kuhkämpfe nach strengen Regeln statt, die selbst dem IOC zur Ehre gereichen würden.

Angetreten wird in vier unterschiedlichen rein feministischen Leistungsklassen. In der ersten Kategorie kämpfen die zweieinhalbjährigen Novizinnen gegeneinander, in der zweiten die schon etwas erfahreneren Erstkalbinnen, in der dritten die Altkühe mit einem Brustumfang von mehr als 184 Zentimetern und schließlich in der vierten, der Königinnenklasse, die Gigantinnen der Rasse mit mehr als 194 Zentimetern Oberweite. In der 30 Meter durchmessenden Arena treten innerhalb der Gewichtsklassen bis zu zwölf Ringerinnen gegeneinander an. Vor dem Kampf werden sie vom Veterinär auf Seuchen untersucht. Der Tierzuchtinspektor prüft die Rassereinheit. Es soll sich nicht eine Cousine aus der spanischen Profiliga unter die Schweizer Amateurinnen mischen. Um einem reinen Kampfprofessionalismus vorzubeugen, müssen die Kühe noch wenigstens fünf Liter Milch geben und ihr letzter Abkalbetermin darf nicht mehr als 15 Monate zurückliegen. Über die Hälfte der Kühe lässt sich durch eine Schwangerschaft nicht an der Teilnahme hindern. Kandidatinnen, die trotz frenetischer Anfeuerung durch ihre Besitzer, Trainer und Hirten in den Einzelgefechten mehrfach unterlegen sind, trotten auf Anweisung des Schiedsgerichts bereitwillig hinter ihren Betreuern aus dem Ring. Die vier bis fünf Überlegeneren qualifizieren sich für das Finale. Hier winkt neben ein paar blauen Flecken und Beulen der Siegerin als Trophäe ganz stilgerecht eine Glocke.

Die Frühlingskämpfe vor dem Almauftrieb sind nur Geplänkel von Regionalligaformat. Das Championat der Championate findet in der Arena von Aproz statt. Dort treffen die Königinnen der verschiedenen Almen aufeinander. Jede von ihnen ist durch die satten Bergmatten in einer Topkondition mit durchtrainierten Muskeln. Eine Saison in der Alphaposition macht ihr Selbstbewusstsein unerschütterlich, lässt sie mental gut drauf sein. Alle Voraussetzungen für grandiose Gefechte, deren Siegerin zur Königin der Alpen gekürt wird. Neben dem ideellen Wert stellt so eine Championesse auch eine ökonomische Größe dar. Während anderswo gut betuchte Mittelständler sich das eine oder andere Rennpferd halten, erwerben diese im Wallis eine Kampfkuh. Der Preis entspricht oft dem eines Mittelklassewagens mit allen Extras. Immerhin den Gegenwert eines Kleinwagens repräsentieren die Töchter solcher Reckinnen bereits im zarten Kalbesalter.

In neuerer Zeit werden auch die italienischen Tanten der Eringer, die Valdostana, von ihren Melkern in den Nahkampf geschickt. Diese haben gesehen, dass die Duelle der Walliserinnen eine Attraktion der besonderen Art sind, die einer vom Aussterben bedrohten Rasse das Überleben sichert.

Brahman

ECHTE INDIANER

SIOUX, APACHEN UND NAVAJOS, die rothäutigen Ureinwohner Amerikas, werden gemeinhin Indianer genannt. Diesen Namen verdanken sie dem größten bekannt gewordenen Irrtum der Geschichte. Columbus wähnte sich in Indien, als er von Spanien mit der Santa Maria geradewegs westwärts segelnd auf ihm bisher unbekanntes Land traf. Heute wäre sein Fehler erklärlich, denn auf den Weiden dieser „terra nova" (Neuen Welt) träfe er reinblütige Inder in Hülle und Fülle, Rinder vom Typ Bos indicus mit dem typischen Buckel über Hals und Schulter, mit riesigen herabbaumelnden Ohren und reichlich überschüssiger Haut, die sich an Wamme und Nabel in breite Falten legt.

Seit 1849 gelangten sporadisch immer wieder gehöckerte Rinder vom Indus und Ganges zum Mississippi und Missouri. Die „green card" erhielten sie anfänglich wohl eher als Kuriosa, denn als landwirtschaftliche Nutztiere. Nicht unerheblichen Anteil an der Popularisierung der Zebus in den USA

hatte Carl Hagenbeck aus Hamburg. Der Zoo- und Zirkusdirektor tingelte nach der Teilnahme an den Weltausstellungen in Chikago (1893) und St. Louis (1905) mit seinen Menschen, Tieren und Sensationen durch die Staaten. Mancher Cowboy, der als interessierter Besucher kam, verließ die zoologische Wanderschau mit einem indischen Kuhschmuckstück am Strick. Hagenbeck war schließlich in erster Linie internationaler Viehhändler.

Zunächst als extravagantes Ziervieh angesehen, beeindruckten die Exoten die Experten durch ihre robuste Anpassungsfähigkeit, speziell in den heißen Südstaaten wie Arizona, Louisiana, Neumexico und Texas. Auch in der brütenden Mittagssonne hielten sie mit stoischer Ruhe fleischansetzende Mahlzeit und verschmähten dabei weder holziges Strauchwerk noch bittere Wermutbüsche. Auch Fliegen, Zecken und Moskitos konnten sie dabei nicht stören. Diese Plagegeister entlockten ihnen lediglich ein Zucken der vielgefälteten Haut und ein Schlackern der Schlappohren. Sie machten sich gut im unendlich großen, weiten wilden Südwesten, besser als die hochspezialisierten Briten wie Hereford oder Aberdeen Angus. Deren in gemäßigten Breiten entwickelten Fähigkeiten waren in den amerikanischen Südstaaten vom Winde verweht.

Mit dem Besten von der bunten, vielgestaltigen Palette indischen Hornviehs kreierten die amerikanischen Rancher im ersten Viertel des zwanzigsten Jahrhunderts eine neue Rasse, ein Zebu, made in USA. Die hellgrauen bis beigen Kankrej oder Guzerat, seit fast 3 000 Jahren als starke Zug- und Lastochsen bekannt, brachten den notwendigen großen Rahmen. Die Nellore oder Ongole, die „Arme-Leute-Kuh" der indischen Dörfer, steuerte die Widerstandsfähigkeit und Unempfindlichkeit gegen Krankheiten bei. Sie hatten die von Insekten so ungeliebte dicke Haut. Die bunten Gir mit den riesigen Schlabberohren am breiten Kopf sorgten für ein ruhiges Temperament und für die immer beliebter werdende rote Farbe. Abgerundet wurde dieser züchterische Cocktail durch die Krishna Valleys, einem Erbe der englischen Kolonialzeit. Es ist eine moderne Rasse, die von wohlhabenden, in Oxford und Cambridge erzogenen Hindus aus Nellore, Gir und einigen anderen vorzüglichen Zebuschlägen am Ganges entwickelt wurde. J. W. Sartwell, der erste Sekretär des 1925 gegründeten Zuchtverbandes, erfand den Namen Brahman für die ersten echten Indianer auf amerikanischem Boden.

Rund eine Million Brahmans stehen im Dienste zu füllender Fleischtöpfe in über 60 Staaten der Tropen und Subtropen nördlich und südlich des Äquators. Die 1,50 Meter hohen Bullen wiegen 18 bis 25 Zentner und die Kühe variieren zwischen 10 und 15 Zentnern. Die dokumentierten Gewichte streuen so, weil die Tiere anhaltender Dürre mächtig Tribut zollen müssen. Diese Verluste kompensieren sie aber unter günstigeren Umweltbedingungen sehr schnell. Die Kälber erblicken mit etwa 30 Kilogramm völlig problemlos durch die stark abfallenden Becken das grelle Sonnenlicht der Welt. Bei fünf Prozent fetter Muttermilch wachsen sie aber zusehends. Als schlachtfertige Ochsen mit handelsüblichen 13 Monaten lassen sie die Waage bis 500 Kilogramm steigen. Der Schlachtkörper ist so gut wie fettfrei und damit besonders kundenansprechend. Die Registrierung der Geburtsgewichte ist nicht ganz ungefährlich. Die Mütter können recht böse werden, wenn sich ein Unbefugter ihren Kindern nähert. Ein solcher Verteidigungswillen ist bitter nötig auf den weiten Weidesteppen. Schakal, Kojote und Wolf, selbst Puma und Löwe überlegen es sich zweimal, ob sie sich ein Brahmankalb zum Nachtmahl gönnen. Bei guter Behandlung sind die buckeligen Kühe friedfertig, verübeln aber rohen Umgang. Gleiches gilt für die Stiere, wovon alle Rodeo-Bullrider ein Lied singen können.

Mit den Eigenleistungen, wie zum Beispiel tägliche Zunahme, Futterverwertung und Rendement, können die Brahmans mit jedem Rindvieh, ob mit oder ohne Höcker, konkurrieren. Unübertrefflich ist jedoch ihre Hybridisationskraft, was Nichtexperten der Tierzucht erklärt werden muss. Reinrassige Brahmans zeugen mit jeder anderen Rasse Kreuzungstiere, die besser sind als Vater und Mutter für sich betrachtet. Diese Fähigkeit, erstklassige Hybriden sicher zu produzieren, sorgt für das internationale Renommee dieser modernen Rasse auf uralter Basis. Brahmankombinationen mit allen möglichen bewährten Europäern sind immer für einen Spitzenplatz in Leistungsrekordlisten gut. Einige dieser regelmäßigen Seitensprünge haben fast Rassecharakter. Namen wie Brangus, Brahmousin, Brahorn, Bralers, Bravon, Braswiss, Bragelb, Simbrah oder Chabray sagen dem Interessierten, mit welchem Bos-taurus-Typ der amerikanische Bos indicus gemixt wurde. Die Leistungen aller sind in jedem Falle überragend.

Seit 1985 gibt es auch in Deutschland einen Verband von Brahmanenthusiasten. Ob sich die langohrigen Indoamerikaner auch hier durchsetzen können, bleibt abzuwarten. Hitze und Trockenheit macht ihnen bekanntlich nichts aus und auch Kälte bereitet ihnen keine ernsthaften Probleme. Feuchtschmuddeliges Nebelwetter ist aber ihrem Gedeihen abträglich. Leider haben wir gerade diese klimatische Konstellation viel zu oft. So werden wir vermutlich auch weiterhin unser Wissen über echte Indianer nicht von den Wiesen und Weiden, sondern aus den Büchern von Karl May beziehen.

Watussi

KAPITALES HORNVIEH

UM 1930 STELLTE IM INNEREN SCHWARZAFRIKAS Christoph Schulz, der legendäre Tierfänger, wieder einmal einen Transport seiner lebenden Beutestücke zusammen, um sie über Mombasa in diverse Tiergärten nach Europa zu verschiffen. Neben Nashörnern und Giraffen, Straußen und Marabus, Krokodilen und Schlangen waren noch Plätze frei im Zug. Kurzerhand kaufte er den einheimischen Nomaden einige Rinder ab und ließ sie zusteigen. Seitdem wissen wir erst so richtig, was eigentlich „Hornvieh" heißt. Die imposanten Zooattraktionen mit dem kapitalen Hornschmuck, die so majestätisch durch das Afrikagehege schreiten, sind die Watussirinder.

Die beiden jeweils 1,50 Meter langen, halbmondförmig nach außen und oben geschwungenen Hörner haben einen Basisumfang von gut 45 Zentimetern. Mit einer Spannweite von fast zweieinhalb Metern passen die Watussis durch keine nach EU-Richtlinien genormte Stalltür. Diese Kuhexoten gehören zoologisch systematisch betrachtet zu den Ankolerindern aus der Gruppe der Sangas, den afrikanischen Buckelrindern. Von ihren indischen Vettern, den Zebus, unterscheiden sie sich für den Wissenschaftler im Y-Chromosom, für den unbedarften, doch aufmerksamen Beobachter in der Art und Form des Höckers. Während sich dieser bei den Asiaten bevorzugt mächtig über Brust und Widerrist wölbt, basiert er bei den Afrikanern mehr kopfwärts über dem Halsansatz. Meist ist er auch weniger prägnant entwickelt.

Die Watussis sind das Vieh der in Ruanda und Burundi lebenden Tutzi. Zu einer Zeit, als man hierzulande gerade wusste, dass ein Stier vonnöten ist, um von einer Kuh ein Kalb zu bekommen, waren diese schon beschlagene Tierzüchter. Über 5 000 Jahre alte Felsmalereien aus dem Tassiligebirge in der Sahara stellen den von den Tutzi gepflegten Rassetypus dar. Im 13. bis 14. Jahrhundert zogen sie mit ihren Herden aus dem Sudan in die Region zwischen Victoria- und Tanganjikasee, ihre jetzige Heimat. Dort etablierten sie sich als Adelsklasse, die eine ganze Kultur um das Rind aufbaute.

Bei uns dient das Rind durch seine Leistungen als Mittel zum Erwerb von Kapital. Für die Tutzi sind die Rinder Kapital selber. Nur in besonderen Ausnahmefällen würde ein Tutzi ein Tier aus seinem Schatz in die Pfanne hauen um es zu verzehren, genauso wenig wie wir aus unseren Geldstücken so profane Dinge wie Schrauben, Schnallen oder Schlüssel schmieden würden. Beides wäre kein angemessener Umgang mit dem Kapital. Ihr wiederkäuendes Vermögen ist für die Ostafrikaner aber dennoch multifunktionales Nutztier. Nicht das Fleisch, aber die Milch der Langhörner ist Grundnahrungsmittel. In Trockenzeiten werden sie auch mal zur Ader gelassen, um das Blut mit Milch vermischt zu trinken. Die Melkkalebasse wird vorher mit Kuhurin gereinigt, wenn dieser nicht gerade zur Haarwäsche oder zur Kosmetik gebraucht wird. Leder, Knochen, Haare, Hörner und Sehnen sind wertvolle Grundmaterialien für allerlei Gebrauchsgegenstände. Die Körperkraft der fast 1,50 Meter großen Stiere oder Ochsen bietet sich zum Tragen, Reiten oder Ziehen geradezu an und schließlich ist dort, wo Holz ein seltenes und damit wertvolles Fundstück ist, der getrocknete Rinderkot ein gefragter Hausbrennstoff. Dieser vielfältige Gebrauchswert des Viehs ist aber nur zweitrangig. Erstrangig sind die Herden für die Tutzi gleichbedeutend mit unserem Geld. Davon kann man auch im Inneren Afrikas nicht genug haben. Es ist nicht so sehr ein Symbol für Wohlstand, sondern wird im täglichen Leben gebraucht. Da sind Nachbarn zu besänftigen, Freunde zu motivieren, Bußen zu bezahlen, Beamte zu bestechen, Söhne auszusteuern und ab und zu eine Braut zu erwerben. Besonders wichtig ist in einer ständig durch Seuchen bedrohten Region die

Besitzstandswahrung, die Herdenversicherung. Diese geschieht durch ein komplexes, fein ausgetüfteltes System, in dem Tiere größflächig und weitläufig verliehen, verschenkt, getauscht oder eingestellt werden. So ist im Falle einer Epidemie nicht sofort der Gesamtbestand verloren.

Nur wer den eigentlichen Vermögenscharakter des Rindes bei den Nomaden begreift, versteht die kopfschüttelnde Reaktion der Tutzi auf die Vorschläge mancher Entwicklungshelfer. In Verkennung der realen Situation rieten diese, die nutzbaren Leistungen der Watussis durch sogenannte Kulturrassen aus Europa oder Amerika zu vervielfachen und so zur Vermeidung von Überweidung die einheimischen Herdengrößen drastisch zu reduzieren. Auf einen traditionellen Hirten muss so eine Idee genauso abwegig klingen wie auf uns der Plan eines Anlageberaters, ein wohlsortiertes, ausgewogenes Wertpapierdepot einzutauschen gegen eine einzige hochspekulative, kurzzeitig hochbewertete Aktie.

Wenn es bei einer Rasse nicht in erster Linie auf schnöde Nutzleistungen ankommt, bleibt bei der Zucht mehr Platz für ästhetische Gesichtspunkte.

Das Schönheitsempfinden der Tutzi repräsentieren die imposanten Köpfe der Watussis. Bei diesen ist aber auch in den letzten siebzig Jahren der europäische Geschmack selektiv wirksam geworden. In den Herden Ruandas und Burundis sind alle Farben und Musterungen vertreten, zu Schulzens Zeiten wie auch heute. In den Zoos sieht man aber fast nur noch einfarbig Rote. Diese schöne, doch etwas langweilige Kombination gefiel den Zoodirektoren offenbar am besten, vielleicht weil sie der Uniformität der Wildtiere am nächsten kommt. Aber nur die Vielfarbigkeit ist als altes afrikanisches Erbe bei den Asylwatussis verloren gegangen. So haben sie sich auch nach so vielen Generationen fern der Heimat den sparsamen Umgang mit dem Trinkwasser erhalten, wie jeder Tierpfleger bestätigen kann, der täglich ihren Stoffwechselballast beseitigen muss. Während wir von unseren Kühen große, feuchtmatschige Fladen gewohnt sind, lassen die kapitalen Hornviecher nur kleine, harte, trockene Knödel hinter sich.

Szilay

PUSZTA, PAPRIKA UND PODOLEN

MEIN IDEALER LEBENSZWECK ist Borstenvieh und Schweine-speck", behauptet man zwar in der Operette, die Haupt-einnahmequelle der ungarischen Viehbarone war aber über Jahrhunderte das Hornvieh. Ihr dickes Geschäft machten sie nicht mit den lockigen Mangalicaschweinen, sondern mit den grauen Steppenrindern, den Szilays.

Im ausgehenden Mittelalter war Ungarn der Fleischtopf Mitteleuropas. Dieser musste ganz schön groß sein, denn kräftiger Fleischverzehr ist keine Erfindung der neuzeitlichen Wohlstandsgesellschaft, was sicherlich für viele der Vegetarier im Zeitgeist überraschend ist. Unsere statistischen 70 Kilogramm Jahresverbrauch pro Kopf nehmen sich bescheiden aus gegenüber den geschätzten 100 Kilogramm der mediävalen Ständegesellschaft. Die regionale Tierproduktion im Umfeld der damaligen Ballungsräume steckte noch nicht einmal in den Kinderschuhen. Sie war dem Appetit der Städte nicht gewachsen. Man war auf umfangreiche Importe angewiesen, um die Fleischeslust der Bürger zu befriedigen. Für die christlich-abendländischen Geschäftszentren Wien oder Nürnberg, Straßburg und besonders Venedig war Ungarn der wichtigste Lieferant. Die Natur hatte dem Land an der Donau die Puszta geschenkt, die bei Hortobagy und Bugac Weiden bietet, so weit das Auge reicht. Obendrein hatte sie diese mit den Szilays bestückt. Die grauen Steppenlanghörner waren fähig, sich die auf den fetten Wiesen ange-fressene Kondition, trotz wochenlanger Fußmärsche über Hunderte von Kilometern, bis zu den Metzgereien an den Zielorten zu erhalten. In Erman-gelung von Kühlaggregaten und Superfrigolastern war man damals, im Gegensatz zu heute, auf Lebendtiertransporte zu den Märkten angewiesen.

Die Wiege des ungarischen Grauviehs ist das historische Podolien, die Ebene zwischen den Flüssen Bug und Dinjestr in der heutigen Ukraine. Im fünften Jahrhundert wanderte dieser aschfarbene Schlag von dort aus. Er verbreitete sich von den Karpaten über den Balkan und den Apennin bis zu den Pyrenäen. Szilayähnliche Rassen grasen in Rumänien, Bulgarien, Grie-chenland und der Türkei. Die meisten Äste dieses Rassestammes sonnen sich

rund um die Adria in Italien und Jugoslawien. Allen podolischen Abkömm-
lingen gemein ist die mächtige Hals- und Schulterregion und ein relativ
kleines Gesicht, das von bis zu 75 Zentimeter langen Hörnern gekrönt wird.
Die Kälber werden rötlich blond geboren. Sie nehmen erst mit etwa einem
halben Jahr die typische hellgraue Farbe an. Diese changiert um die Augen,
am Hals und an den Schenkeln bis ins Schwarze hinein, besonders beim
männlichen Geschlecht. Das gute Beinwerk und die harten Klauen waren
allen Exilukrainern schon bei ihrem Exodus nützlich und hilfreich.

Die Laufbahn der grauen Magyaren als Fleischklopse auf der Wander-
schaft neigte sich im 19. Jahrhundert dem Ende entgegen. Die Verlagerung
der Kultur- und Handelszentren aus dem Herzen Europas heraus an die
Peripherie und insbesondere die im 18. Jahrhundert einsetzende wissenschaftlich fundierte Tierzucht waren verantwortlich für den Karriereknick.
Überall mauserten sich die vorher mickrigen Landschläge zu prächtigen und
vor allem verbrauchernahen Sauerbratenlieferanten. Der grenzüberschrei-
tende Nomadismus aus der Puszta wurde überflüssig. Anders als ihre Vettern
wie die Romagnolas, Marchigianas, Piemonteser und Gascogner versäumten
die Szilays leider die vollfleischige Ummodellierung. Die trotz fast einer
Tonne Gewicht schlanken, 1,50 Meter hohen Steppenriesen schulten um,
wozu sie ihr raumgreifender Schritt prädestinierte. Sie stiegen ins Zuggeschäft
ein. Fortan waren die vom Gemächt befreiten k.u.k. Grauen im kraftvollen
Einsatz des Ackerbaus und des Transportwesens. Sie avancierten erneut zum
Exportschlager zu den näheren, aber auch zu den entfernteren Nachbarn.

Zu Beginn des 20. Jahrhunderts wurde ihnen dieser Arbeitsplatz von den
Dieseltraktoren ausgespannt. Damals stellten die Szilays noch 95 Prozent des
ungarischen Rindviehs. Fünfzig Jahre später war der Bestand auf exakt 187
Kühe und sechs Bullen geschrumpft. Eine in letzter Sekunde eingeleitete
Rettungsaktion sicherte dieses uralte Kulturgut. Die letzten grauen Eminen-
zen erhielten eine Anstellung in der Fremdenverkehrsbranche. Seither
karren die mächtigen Ochsen im gemächlichen, unerschütterlichen Trott
tokajertrunkene Touristen über die Puszta, vorbei an peitschenknallenden
Csikós und schraubenhörnigen Rackaschafen. Diese Ochsentour endet üblicherweise an einer der Csardas, den landestypischen Rast- und Gasthäusern.
Dort erwartet den Ungarnurlauber ein Pörköltschmaus. Was in dem gusei-
sernen Kessel als Gulasch mit Paprika schmurgelt, stammt aber meistens
nicht von einem Szilay. Wahrscheinlich kommt es tiefgefroren von der
argentinischen Pampa, dem derzeit am besten gefüllten Fleischtopf der Erde.

Fjällrind

DIE WIKINGERKUH

BRENNEND, plündernd und schändend, mordend und raubend suchten die Wikinger des Mittelalters den nördlichen Erdball heim. Die schiere Not trieb die rothaarigen Nordler zu Kaperfahrten auf die Weltmeere. Zwar bot ihnen ihre meerumschmeichelte Heimat alles Lebensnotwendige in reichlichem Maße, aber woher sollten sie die langen Hörner bekommen, die, wie allgemein bekannt sein dürfte, ihre Helme zierten. Ihr heimisches Vieh, das Fjällrind, ist angeboren hornlos.

Seit Menschengedenken knabbern Kühe ohne Hörner die Gräser der skandinavischen Halbinsel, wie Paläontologen an prähistorischen Schädelknochen von Hausrindern beweisen. Die rezenten Vertreter dieser frühen Mutanten sind das Fjällrind in Schweden und das Tröndervieh in Norwegen. Bei diesen Veteranen im Hausstand erinnert die weiße Färbung mit den schwarzen, sehr selten roten Abzeichen am Maul, an den Ohrpuscheln und um die Augen an die Frühzeit der Domestikation. Sie zeichnet auch andere Uraltrassen aus, wie etwa das englische Parkrind. Das Svensk Kullig Boskap – so die Originalbezeichnung – hat zusätzlich schwarze Punkte seitlich an Kopf, Hals und Rumpf. Diese neigen wie Tintenkleckse zum Zusammenfließen. Rückenmitte, Bauch und Beine bleiben von den Sprenkeln verschont.

In den letzten 200 Jahren waren die nur 1,20 Meter kleinen und knapp 450 Kilogramm leichten Fjordkühe dem Leistungsdruck der von Süden und Westen vorrückenden Edelrassen nicht gewachsen. Rotbunte und Ayreshires drängten sie in die Berge des hohen Nordens zurück. Hier waren sie dank ihrer über Generationen erworbenen Robustheit konkurrenzlos. Als Mitbewerber um die ökonomische Zuneigung der Bauern drohten dort lediglich die Rentiere. Nutztiere in solchen Regionen müssen ganz schön hart sein. Die Kühe im Dalmatinerkleid ignorieren in der Mitsommernacht die blutsaugenden Mückenschwärme. Dauerregen und Sturmgebraus im Frühjahr und zum Herbst kann ihnen nichts anhaben und klirrender Frost mit Schneegestöber im Dauerdunkel des Winters beeinträchtigt ihre Gesundheit nicht. Allerdings sind sie dann für einen moosabgedichteten Stall sehr dankbar.

Die Menschen aus dem Land der Fjorde und Schären decken ihren Bedarf an tierischem Eiweiß bevorzugt mit Fischen aus den reichlich vorhandenen Flüssen, Seen und Meeren. So war ihr Bedürfnis, dem Rindvieh bratfähige Muskelpakete anzuzüchten, nicht sonderlich groß. Das Fjällrind hat im Kontrast zu allen anderen uns geläufigen Robustrinderrassen seinen Leistungsschwerpunkt bei der Milch. Bei ausreichendem Futter sind von ihnen um die 4 000 Liter wohlschmeckende Milch mit über 4 Prozent Fett zu ermelken. Diese haben die Jämtländer auch nötig, um ihre übelriechende kulinarische Spezialität herunterzuspülen, den anaerob vergorenen Sauerhering (Sürströmming). Bier und Korn in der dazu notwendigen Menge sind im Dreikronenland unerschwinglich.

Um die an sich schon kleine Fjällrinderpopulation wäre es um ein Haar vor einigen Jahrzehnten geschehen gewesen. Ein prächtiger, fast weißer Bulle wurde ob seiner Schönheit sehr intensiv zur Zucht verwendet. Unter dem ansprechenden Äußeren verborgen vererbte er seinen Nachkommen unterentwickelte Hoden. Gerade diese aber müssen bei einer erfolgreichen Vermehrung ohne Fehl und Tadel sein. Die Hypoplasie der Gonaden korreliert mit der Intensität der Weißfärbung, was auf gut Deutsch heißt: „Je weißer die Weste, desto kleiner die Klöten!" Das Problem ist heutzutage dank der steuernden Kontrolle des schwedischen Landwirtschaftsministeriums gelöst. Als bedrohte Haustierrasse erfreut sich das Fjällrind dessen besonderer Fürsorge.

In Deutschland kann man eine stattliche Herde der getüpfelten Skandinavier am Müritzsee bewundern. Dort an der mecklenburgischen Seenplatte wirken sie seit einigen Dekaden als Entwicklungshelfer. Sie lehrten uns, wie vorzüglich Rinder in Naturschutzgebieten als Landschaftspfleger tätig sein können.

Das Kultur- und Handelszentrum der Wikinger war die legendäre Stadt Haithabu. Unser Wissen über die Nordmänner verdanken wir Ausgrabungen dort. Die neuesten Forschungsergebnisse der Archäologen lassen unser völkerkundliches Weltbild ins Wanken geraten. Man fand heraus, die Wikinger trugen an ihren Helmen gar keine Hörner, genauso wenig wie ihre Fjällrinder.

Barrosa

BEHORNTE PORTWEINSPEDITEURE

T**HE SAME PROCEDURE AS LAST YEAR, MA'AM?"** Das zwerchfellerschütternde Betrinknis von Butler James zum Geburtstag von Miss Sophie ist zum Jahresende gute, liebgewonnene Tradition in deutschen Haushalten. Der Obstdessertgang im „Dinner for one" hat uns gelehrt, dass nach dem Sherry und dem Champagner der Portwein bei einem englischen Essen wichtiger ist als das gegrillte Hühnchen. Von Insidern nur kurz „Port" wird ein süßer portugiesischer Rotwein genannt, der in einem speziellen Verfahren mit Brandy hochprozentiert wird. Die Drehscheibe, von der dieser edle Tropfen in alle Welt verschifft wird, ist der Hafen von Porto. Die Trauben für dieses begehrte Exportgut reifen in den Schieferterrassen am steilen Ufer des Douro im Norden Portugals bis hinauf zur Grenze zum galizischen Spanien. Den Transport der süß gekelterten Fracht von den Kellereien zu den Piers von Porto besorgten über Generationen Ochsen der Rasse Barrosa mit großräderigen, einachsigen Wagen.

Der Auerochse, der selige Stammvater aller Rinderrassen, wäre besonders stolz auf diesen kleinen Ableger seiner weitverzweigten Nachkommenschaft. Obwohl Barrosakühe mit 120 Zentimetern Schulterhöhe bei 400 Kilogramm Körpergewicht und Bullen mit 130 Zentimetern und 650 Kilogramm bei weitem nicht an die gigantischen Dimensionen ihres Urahnen heranreichen, ähneln sie ihm in ihrem Äußeren doch verblüffend. Sie hätten Modell stehen können für die prähistorischen Höhlenmaler von Lasceaux. Besonders imposant sind ihre riesigen, lyraförmig nach oben und vorne geschwungenen Hörner. Die Kühe und das Jungvieh leuchten auf der Sommerweide rötlich braun in der portugiesischen Bergsonne. Ihre einfarbige Bemäntelung ist am Schwanz, an den Innenseiten der Schenkel und um das schwarze Flotzmaul herum beige aufgehellt. Die Stiere dunkeln mit Einsetzen der Geschlechtsreife ein. Sie präsentieren ihre Manneskraft unter einer fast schwarzen Decke. Die für den Jochdienst verschnittenen Ochsen unterlassen diese Umfärbung, was manchem Hormonforscher zur Freude gereicht. Rassekennzeichnend sind auch die ansprechenden kleinen Köpfe mit dem ausgeprägten Nasenknick und den prägnanten Augenbögen. Sie ähneln ein wenig den jedoch weit entfernt wohnenden Jerseys. Zeigt eine kleine, isolierte Population, wie die der Barrosas, eine solche Unverwechselbarkeit im Typ, so ist dies ein sicheres Indiz, dass sie ein uraltes, lokales Kulturgut von höchstem Wert darstellt.

Die langbehornten Braunen dienen in den kleinen, bäuerlichen Familienbetrieben des feuchtfruchtbaren nordportugiesischen Berglandes bis nach Spanien hinein, wo sie Cachenas genannt werden. Die meisten Bauern einer Dorfgemeinschaft dieser Region halten sich gemeinsam einen Stier, einen „Boi do povo". Seine Aufgabe ist es nicht, wie bei uns dereinst der Genossenschaftsbulle, für reichen Kälbersegen zu sorgen. Seine Hauptaufgabe ist es, die Ehre der Bauernschaft zu vertreten und zu verteidigen. Gelegenheit dazu hat er bei der „Chega de bois", dem traditionellen Stierkampf, der dort den Höhepunkt eines jeden Volksfestes bildet. Anders als bei den spanischen Nachbarn tritt hier Stier gegen Stier an. Beide haben trotz turbulentem Stoßen, Schieben und Schlagen lebhaftes Interesse daran, unbeschadet die Arena zu verlassen. Die Gladiatoren sind außerhalb des Ringes friedfertige und umgängliche Gesellen. Schließlich müssen ihre Verwandten unter der Woche ihr Raufutter auf dem Acker, im Weinberg und bei der Portweinspedition verdienen. Da sind gute Umgangsformen gefragt.

Die an den steilen Hängen bewährte Hinterhand der kompakten, doch feinknochigen Barrosas lässt jedem Metzger das Wasser im Munde zusammenlaufen. Unter dem Etikett „Beef portuguese" galt sie im Victorianischen England als besondere Delikatesse. Einige tausend der braunen Barossas gelangten daher im neunzehnten Jahrhundert als kulinarische Botschafter zwischen den Portweinfässern ins Zentrum des fleischverwöhnten Empires. Den armen Portugiesen blieben für die eigene Küche nur die weniger gefragten Teilstücke. Daraus zaubern sie am heimischen Herd köstliche Gerichte, die sie auch gerne und mit Stolz ihren Gästen servieren. Den Bürgern von Porto kann ihr Spitzname „tripeiros", Kutteln-Esser, nichts anhaben. Manchem unbedarften Touristen jedoch, der seinen Gaumen mit der landestypischen Kost erfreut hat, könnte die Information auf den Magen schlagen, dass es sich dabei um frikassierten Pansen handelt. Der Schock lässt sich aber leicht bekämpfen mit einem ordentlichen Glas Portwein.

Luing

EIN ÖKORIND FÜR PROFIS

DEUTSCHLAND IST TRADITIONELL die Heimat des Zweinutzungsrindes. Mutterkuh wird hier in der gängigen Praxis das weibliche Abfallprodukt einer Fleischbulleneinkreuzung, das im Rahmen zurückgeblieben ist, zu früh geliebt wurde und möglichst noch als „Dreistrich" für das Anhängen der Melkmaschine völlig ungeeignet erscheint. Wen wundert es da, dass die Mutterkuhhaltung betriebswirtschaftlich nicht gerade zu den Kassenfüllern zählt. Der professionelle Tierhalter stellt sehr hohe Anforderungen an seine Mutterkuh. Sie soll auf der Ertragseite – das Absatzkalb am Ende der Weideperiode – den großrahmigen, quelligen Fleischrassen entsprechen. Dagegen soll sie auf der Aufwandseite – Haltung und Fütterung – nur mit den ausgesprochenen Robustrassen konkurrieren. Ist dies nur über die Kombination zweier Rassen in einer Gebrauchskreuzung möglich? Oder gibt es eine alle hohen Ansprüche der Profis erfüllende Mutterkuhrasse? Die Antwort heißt Luing.

Die Brüder Shane, Denis und Ralph Cadzow, als Schotten nicht nur sparsame Rechner, sondern auch ideenreiche Rinderzüchter, begannen 1947 die „ideale Mutterkuh" zu züchten. Ihr Ansatz war es dabei, eine bewährte, klassische Fleischrasse – Beef Shorthorn – durch Kreuzung mit einer Robustrasse – Highland Cattle – anspruchsloser und widerstandsfähiger zu machen. Zur Vereinfachung späterer Herdenremontierung sollten diese Eigenschaften und Fähigkeiten über die Gebrauchskreuzung hinaus rassisch stabilisiert werden.

Die Cadzow-Brüder holten aus dem Schottischen Hochland die besten Shorthorn-Highland-Kreuzungsrinder zusammen und brachten sie per Schiff auf die Insel Luing (ausgesprochen „Link"). Als Beschäler gesellten sie den angehenden Müttern den stabilen Shorthornbullen „Cruggleton Alastair" bei. In den folgenden Jahren erhielten nur die seiner Söhne die Erlaubnis, auf der Insel zu verbleiben, die sich unter dem strengen Selektionsdruck des rauen Klimas und trotz karger Futtergrundlage vortrefflich entwickelten. Sie durften sich mit ihren Halbschwestern paaren. Auf dieser Basis von Inzucht und Linienzucht entwickelte sich auf Luing ein einheitlicher Fleischrinderschlag, der 1965 als eigenständige Rasse Anerkennung fand. Benannt wurde die neue Spezies nach ihrer Heimat vor der schottischen Küste.

Die im Winter zotteligen, rotbraunen Tiere sind bei einer Schulterhöhe von etwa 1,25 Meter von mittlerem Rahmen. Mit einem 400-Tage-Gewicht von 450 Kilogramm sind die Bullen vergleichbar mit Mastrassen wie Hereford oder Limousin. Ausgewachsen wuchten sie stattliche 19 Zentner auf die Waage. Sie haben sich die Fähigkeiten ihrer Urahnen aus dem schottischen Hochland erhalten, auch widrigste Witterungsbedingungen gesund zu überstehen, ohne im Stall zu überwintern, und auch mit Schmalhans als Küchenmeister erstklassige Steaks zu produzieren. Ihre ebenso anspruchslosen Schwestern kalben mit zirka drei Jahren zum ersten Mal ab, wobei die Geburt trotz stattlicher 45 Kilogramm Startgewicht problemlos verläuft. Bei einer Befruchtungsrate von 98 Prozent und einer Zwischenkalbezeit von 365 oder weniger Tagen ist die Fruchtbarkeit kaum noch verbesserungsfähig.

Wie bei Shorthornabkömmlingen nicht anders zu erwarten, ist ihre Milchleistung exzellent. Ihre Kälber nehmen Tag für Tag mehr als ein Kilogramm zu, sodass sie beim Absetzen mit sechs bis sieben Monaten 250 Kilogramm und mehr wiegen. Diese Reproduktionsleistung können die Muttertiere über viele Jahre aufrecht erhalten. Zehn und mehr Kälber darf man von der langlebigen Luingkuh erwarten. Wobei nicht immer ein Luing der Vater zu sein hat. Auch nach der profitablen Paarung mit großrahmigen Charolais- oder Fleckviehbullen kalben die Kühe ohne Schwierigkeiten. Die Kreuzungskälber drohen aber bald ihren robusten Müttern über den Kopf zu wachsen, im wahrsten Sinne des Wortes. „Simluing", die Kombination von

Simmentalern mit Luings, erhalten in England als Qualitätsmerkmal eine spezielle Ohrmarke. Um die hervorragenden Mutterkuheigenschaften dieser Rasse auch auf besseren Standorten auszunutzen, werden in letzter Zeit mit Erfolg langhaarige Bullen von der Insel auch in Schwarzbuntherden eingesetzt. Die angestrebte Dreirassenkreuzung (Luing x Schwarzbunt) x Charolais erscheint in Zeiten der Milchquotierung recht zukunftsträchtig.

Nachdem die Luings seit geraumer Zeit in den USA, in Kanada und Australien ihren Mutterpflichten genügen, sind jetzt auch auf deutschen Weidegründen die ersten reinrassigen Rotzotteln eingetroffen um ihren hiesigen Cousinen vorzuführen, was es heißt Mutterkuh zu sein.

Gelbvieh

GELB REGIERT DIE WELP! ODER SO?

DAS DEUTSCHE HAT IMMER WIEDER BEGRIFFE aus fremden Sprachen entlehnt. Über Jahrhunderte hinweg war die Quelle das Lateinische. Uns ist gar nicht mehr bewusst, dass „Mutter", „Acker" oder „Radieschen" aus dem Wortschatz von Cicero und Cäsar stammen. In der nachnapoleonischen Zeit waren französische Anleihen en vogue wie „Chaussee", „Chaiselongue" oder „Charmeur". Seit dem Zweiten Weltkrieg benutzen wir in immer größerem Umfange Anglizismen. Wir tragen keine Nietenhosen mehr, sondern „Blue Jeans", essen keine Fleischpflanzerl, sondern „Hamburger" und sind nicht mehr lässig, sondern „cool". Umgekehrt haben nur wenige deutsche Worte Eingang in den englischen Sprachgebrauch gefunden. Neben „Blitzkrieg" und „Kindergarten" ist dies dem Namen einer urdeutschen Rinderrasse vergönnt, dem „Gelbvieh". Nur in den Übersetzungen hiesiger Verlautbarungen für Amerikaner und Engländer wird sie „German Yellow" genannt.

Mit Gelbvieh ist international ausschließlich das bayrische Frankenvieh gemeint. Die ebenfalls zum Deutschen Gelbvieh gehörenden Glan-Donnersberger aus Rheinland-Pfalz, die Limpurger aus Württemberg und das hessische Lahnvieh stellen inzwischen nur noch verschwindende Minderheiten, die nicht einmal mehr lokale Bedeutung haben. Trotz vorzüglicher Eigenschaften und Spezialbegabungen bereichern sie lediglich noch den Katalog der bedrohten Nutztierrassen. Franken oder gar Bayern als Heimat des eigentlichen Gelbviehs zu bezeichnen, ist geografisch zu grob gerastert. Genau genommen stammt es aus Unterfranken mit Nürnberg und Bamberg als Grenzpunkten und Würzburg als Zentrum. Eine kleine Population wird außerdem in der thüringischen Diaspora gepflegt.

Das rötlich gelbe Frankenvieh ist die einzige Zwei- (früher Drei-) Nutzungsrasse hierzulande, bei der besonders die Fleischleistung betont wird. Es geht zurück auf das Heilbronner Vieh, das zum Ende des 18. Jahrhunderts mit Blut aus dem Schweizer Simmental veredelt wurde. Der daraus erwachsene Scheinfelder Schlag wurde gerühmt wegen des außerordentlichen Fleischgeschmacks.

In der Milchergiebigkeit standen die gelben den braunen und gescheckten Bayern in nichts nach. Deutlich besser waren sie in der Zugleistung. Bereitwillig und ausdauernd halfen sie vor Pflug und Wagen bei der Bestellung der Böden. Da man für diese Arbeit gar nicht groß und stark genug sein kann, wurden Simmentaler, South Devons und Shorthorns als Bodybuilder der vierbeinigen Knechte verpflichtet. Der Erfolg dieser Fitnessprogramme ohne Anabolika wurde um 1900 wissenschaftlich festgehalten. Die stabilen Ochsen aus dem bayrischen Norden legten Schritt für Schritt fast einen Meter zurück. 80 bis 90 Schritte schafften sie pro Minute, und wenn sie sich unter mittlerer Last etwas sputeten, legten sie den Kilometer in ungefähr neun Minuten zurück. Den Körperformern aus England und der Schweiz wurden alle Freiheiten gestattet, sie durften nur keine weißen Flecken oder sonstige Abzeichen auf den gelben Westen hinterlassen. Die Einfarbigkeit war das Markenzeichen der zugkräftigen Unterfranken. Sie galten als die Porsches unter dem Zugvieh, sowohl was die Leistung als auch was den Preis anbelangt. Für das Marketing sorgte der 1899 gegründete Zuchtverband. Bereits 1919 ließ er einen Werbefilm produzieren, der auch nördlich des Mains bis hinauf zur Küste den Appetit auf die caramellfarbenen Muskelberge steigerte. Der Verband verhalf den Züchtern zu satten Einnahmen, kam aber selbst auch nicht zu kurz dabei. Seine höchste Einnahme betrug 6 780 597 509 227 982,- Mark. (Sie brauchen nicht nachzuzählen. Es sind mehr als 6,7 Billiarden.) Das war allerdings im Wirtschaftsjahr 1923/24, auf dem Höhepunkt der Inflation. Nach Einführung der Goldmark blieb davon ein Überschuss von 4 644,- Mark.

Nach dem Zweiten Weltkrieg war es mit der Ackerplackerei vorbei. Die Milchmenge war gefragt. Rote Dänen und Flamen im passenden Uniton halfen bei deren Verbesserung. Heute geben die aparten Gelben annähernd 6 000 Liter im Durchschnitt. Spitzenleistungen von über 10 000 Litern sind offiziell verbürgt. Dieses war aber für die rinderzüchtende Internationale, die immer auf der Suche nach neuen Genomschätzen ist, nur von zweitrangiger Bedeutung. Interessiert hat sie, dass diese Kühe bis zu einer Tonne wiegen können. Fasziniert hat sie, dass sie problemlos ihre zentnerschweren Kälber zur Welt bringen, die anschließend mit täglichen Zunahmen um die 1,3 Kilogramm wie Hefeklöße aufgehen. Die Augen gingen ihr über, als sie die durchschnittlichen Schlachtgewichte von über 600 Kilogramm mit einer

Ausbeute von rund 60 Prozent und einem Fleischanteil von über 70 Prozent der zum Verzehr vorgesehenen Bullen sah. Deren im Zuchtgeschäft tätigen Brüder können gut und gerne 30 Zentner wiegen. Solche Daten ließen in den siebziger Jahren den Export rund um den Globus anrollen. Seither ist das Gelbvieh eine etablierte Größe im weltumspannenden Fleischrinderimperium. In den USA zählt es unter den Beef-Breeds zum führenden Dutzend.

Gelbes Frankenvieh auf heimischen Auen grasen zu sehen, ist ein nur seltenes Vergnügen. Traditionell wird dort die ganzjährige Stallhaltung gepflegt. Die ist nichts für Sehleute. Einfacher bewundern kann man die Prachtstücke auf den Fairs, Shows und Exhibitions in Canberra, Calgary und Coventry. Der Globetrotter in Sachen Kuh kann sie auch in Windhoek, Denver und Buenos Aires treffen. Er kommt dabei zu dem Schluss, dass das Zitat aus der satirischen Kultzeitschrift PARDON: „Gelb regiert die Welp" zwar sprachlich völliger Unfug ist, man aber mit etwas Fantasie ein kleines bisschen Sinn darin sehen kann. Oder?

Wagyu

DAS TEUERSTE BEEFSTEAK DER WELT

DASS DIE JAPANER WELTWEIT die preiswertesten Autos, Fotoapparate und Videorecorder produzieren und damit ihre Mitbewerber anfänglich zum Erstaunen, dann um den Schlaf und schließlich oft zur Kapitulation brachten, weiß inzwischen jedermann. Weit weniger bekannt dürfte sein, dass sie aber auch das teuerste Rindfleisch der Welt erzeugen, das Kobe-Beef.

Kaviar, Langusten und Trüffel sind im Vergleich dazu billige Lebensmittel. Für 100 Gramm werden 5 000 Yen verlangt und auch bezahlt, was einen Kilopreis von ungefähr 650,- Mark bedeutet. Von solchen Deckungsbeiträgen kann jeder mitteleuropäische und erst recht jeder amerikanische Rindermäster nur träumen.

Dieses Rindfleischjuwel bedarf allerdings auch einer sehr speziellen Mastmethode. Sie beginnt bei der Auswahl der geeigneten Masttiere. Obwohl 80 Prozent des japanischen Hornviehbestandes Milchkühe vom

HF-Typ sind, werden zur Produktion von Kobe-Beef nur die Wagyus herangezogen, die einheimischen Rinderrassen. Einheimisch heißt nicht eingeboren, denn die Ahnen dieser Rinder wurden vor einigen hundert Jahren aus Korea und China auf die Inseln Nippons gebracht. Sie dienten den Bauern ausschließlich als Zugtiere bei der Arbeit in den terrassenförmigen Reisfeldern. Gegessen wurden sie nicht, denn bis in unser Jahrhundert hinein gehörte Rindfleisch nicht auf den Speiseplan der Japaner.

Die Wagyus sind mittelgroß (Bullen 800 bis 1 000, Kühe 450 bis 600 Kilogramm) mit einer gut ausgebildeten Schulter und kräftiger, deutlich gewinkelter Hinterhand, was an ihren früheren Arbeitseinsatz erinnert. Man unterscheidet drei Typen. Die „Schwarzen" – Kuroge genannt – mit hoch angesetzten, sichelförmig nach oben und vorne gerichteten Hörnern, die „Hornlosen" – Makaku genannt –, die durch Einkreuzung von Aberdeen-Angus-Stieren zu Beginn dieses Jahrhunderts entstanden, und die „Braunen" – Akage genannt –, die relativ hochbeinig sind. Mit Einschränkungen sind noch die durch Shorthorneinfluss entstandenen und im Aussehen auch an diese erinnernden „Nihon Tankaku" zu den Wagyus zu rechnen.

In Kobe, 300 Kilometer westlich von Tokyo, bevorzugen die Mäster den Kuroge-Typ, weil er besonders geeignet ist, ein extrem marmoriertes Fleisch zu bilden, wie es dortzulande geschätzt wird. Sie sind in der Lage, so viel Fett in die Muskulatur einzulagern, dass praktisch jede einzelne Muskelfaser von einem zarten Talgfilm ummantelt ist. Für die Endmast ihrer so wertvollen Spezialität nehmen die Kobeaner nach Möglichkeit zweijährige ungedeckte Rinder. Ochsen sind nur zweite Wahl und Bullen sind von vornherein ausgeschlossen. Die Tiere werden ganzjährig in abgedunkelten Einzelställen gehalten. Sie bekommen dreimal täglich ein Gemenge von gewalzter Gerste, Reiskleie und Sojaschrot, das ihnen, zu Brei gekocht, warm serviert wird. Das Menü wird angereichert mit gehäckseltem Reisstroh und bestem Heu. Allein der Kraftfutteranteil dieser Diät beträgt 13 Kilogramm täglich. Als Nachtisch wird den verwöhnten „Dickmamsells" obendrein ein Liter Bier eingeflößt, was die Qualität des zu erwartenden Fleisches noch steigern soll. Damit sie bei dieser Intensivkur nicht schon nach kürzester Zeit an Kreislaufversagen dahinscheiden, werden sie täglich zum Training ein bis zwei Stunden in einem kleinen Auslauf an der Hand spazieren geführt. Im Anschluss an diese schweißtreibende Übung erhalten sie wie die traditionellen, schwergewichtigen Sumoringer eine spezielle Knetmassage. Dazu wird ihnen reichlich Sake, der Reiswein, über die Haut gegossen. Wie hoch der Anteil des „Massageöls" ist, den der Masseur zur eigenen, inneren Anwendung abzweigt, wird mit asiatischer Höflichkeit verschwiegen. Man rechnet, dass ein Mann mit der Pflege von zwei bis drei Mastrindern völlig ausgelastet ist.

Nach eineinhalb Jahren derartig intensiver Pflege sind die Wagyus schlachtreif. Sie sind dann so fett, dass sie kaum noch eigenständig laufen können. Würden sie in Deutschland geschlachtet, müsste sich der Klassifizierer einen sechsten Stempel besorgen, wohlwissend, dass ein Schlachtkörper mit einer solch extremen Fettabdeckung auch mit „8" oder „10" eingestuft werden könnte. Nur etwa zehn Prozent der rund 400 Kilogramm schweren Karkasse erfüllen die hochgesetzten Qualitätsanforderungen für das kostbare Kobe-Beef. Es wird zu hauchdünnen Scheiben aufgeschnitten, in kleinen 100-Gramm-Packungen bei den Delikatessenhändlern angeboten. Nur zu ganz besonderen Anlässen erwerben es die Hausfrauen im Kimono zur Krönung des japanischen Festessens Sukiyaki. Während der Preis des Fleisches sicherlich ein Traum ist, dürfte die Art der Erzeugung für unsere durch Spaltenboden, Maissilage und Transponderfütterung verwöhnten Bauern zu einem Alptraum werden.

Vorderwälder

BODENSTÄNDIG AUCH IN HANGLAGEN

DER SCHWARZWALD ist der Deutschen liebstes Ferienziel. Er hält für jeden Urlauber das Passende bereit. Für Sportliche gibt es kurze wie lange Wanderwege, halsbrecherische wie idiotensichere Skipisten und Bäder und Seen für Schwimmer wie Nichtschwimmer. Weniger dynamischen Gästen bieten gemütliche Pensionen, komfortable Gasthäuser oder luxuriöse Hotels erholsame Ruhe. Bildungshungrige werden von Theatern, Galerien, Museen und Akademien gespeist, während die ganz profan Hungrigen mit Schwarzgeräuchertem, Schlachteplatte und Kirschtorte gelabt werden. Nicht zu vergessen die sanften Obstbrände für alle. Auch dem Kuhfreund präsentiert der Schwarzwald einen besonderen Leckerbissen, das Wäldervieh mit Hinter- und Vorderwäldern.

Die Waldbauern zwischen Titisee und Feldberg widmen sich schon sehr lange neben Ackerbau und Viehzucht einem dritten Betriebszweig, dem Tourismus. Gezwungen wurden sie zu dieser ökonomischen Erweiterung durch die ökologischen Verhältnisse ihrer Heimat. Auf den mineralstoffarmen Böden gedeihen die landschaftsprägenden Tannen, Kiefern und Fichten vorzüglich. Ackerbaulich attraktive Feldfrüchte können trotz intensiver Pflege bei solch kargem Nährstoffangebot nur Magerformen entwickeln. Erschwerend ist zudem die typische Schräglage der Felder und Wiesen. Auf ihnen ist im Winter zwar Ski und Rodel gut, im Sommer aber ist die Ackerei dort eine üble Plackerei. Erleichternd standen den Hangbauern treue, robuste Kameraden zur Seite: kleine, trittsichere Kühe mit eisenharten Klauen. Bis zur Mitte des 19. Jahrhunderts war dies ein kastanienroter, rückenscheckiger Rinderschlag, der liebevoll und treffend „Hirschvieh" genannt wurde.

Hangauf, hangab, ob quer, ob krumm, zogen sie stetig den Pflug. Fuder für Fuder schleppten sie die Ernte auch von den entlegensten Feldern unermüdlich in die heimischen Scheuer. Vor der Feldarbeit und nach Feierabend füllten sie der Bäuerin manchen Eimer mit gehaltvoller Milch. Schließlich braucht eine Schwarzwälder Torte einen ordentlichen Klacks Sahne. Auch für einen Sonntagsbraten sorgten die braunrotweißen Wäldler hin und wieder. Allerdings nicht zu oft, denn eine lange Nutzungsdauer der Tiere ist Rassemerkmal. Auch die Fleischmenge ist nicht zu üppig, denn zu prall und mächtig sollen die hübschen Grasfresser nicht sein. Die dünne, fruchtbare Bodenkrume ist nicht sehr belastbar und droht besonders in den abschüssigen Regionen von zu gewichtigen Rinderfüßen zertrampelt und zerstört zu werden.

Schon 1820 wurden beim Hirschvieh zwei Schläge unterschieden. In den höheren und steileren Lagen südlich des Feldbergs war ein extrem kleiner Typus heimisch, der heute als Hinterwälder Zuchtgeschichte schreibt. Die nur knapp 1,20 Meter kleinen und weniger als zehn Zentner wiegenden Kühe gelten als die kleinste Rasse Mitteleuropas. Mit einer Gesamtpopulationsgröße um die 2 000 Kopf erfreuen sie sich als bedrohtes Kulturgut der besonderen Zuwendung des Baden-Württembergischen Landwirtschaftsministeriums. Die staatlichen Stellen fördern jedes Tier mit einer attraktiven Haltungsprämie und versichern die Rasse durch tiefgefrorene Sperma- und Embryonendepots.

Da haben es deren Cousinen, die Vorderwälder, in den etwas flacheren, aber kaum ertragreicheren Gefilden des übrigen Schwarzwaldes sehr viel schwerer. Sie müssen sich seit über 150 Jahren gegen die braune, gelbe und gescheckte, immer hochqualifizierte Konkurrenz in der Nachbarschaft behaupten. In diesem Wettbewerb wurden gegen Ende des 19. Jahrhunderts die praxiserfahrenen Kuhbauern von den wissenschaftlich geschulten Tierzuchtverwaltern angehalten, zur Optimierung der Vorderwälder Kühe Bullen aus dem Simmental oder bayrische Fleckviehstiere heranzuziehen.

Der Erfolg dieser Innovation hielt sich jedoch sehr in Grenzen. Zwar vergrößerte sich der Rahmen des Wälderviehs sehr rasch, aber was da an hochbeinigen, weichrückigen, substanzlosen Kreaturen über die Schwarzwaldhöhen schlurfte, hatte mit einem gesunden, bodenständigen Vieh nichts mehr zu tun. Die Hornviehhalter hatte viel Mühe, aus dieser Blutvermengung die traditionellen Vorderwälderqualitäten wieder herauszufiltern. Geblieben ist bis heute die farbliche Ähnlichkeit mit dem Fleckvieh. Es ist aber ein nobles Edelfleckvieh. Knapp 10 bis 20 Prozent zierlicher als die Bayern stehen die Badener ihnen in der Milchleistung nicht nach. Damit die Vorderwälder auch zukünftig konkurrenzfähig bleiben, wurde sehr vorsichtig in den 60er Jahren Sperma von vier Ayreshirebullen in die recht kleine, lokal begrenzte Population eingeführt und in den 70er Jahren gleichermaßen farblich passend abgestimmt von sechs Red-Holstein-Stieren. Aktuell leisten die dunkelroten Kühe mit den weißen Köpfen alljährlich etwa 5 000 Kilogramm Milch mit 3,3 Prozent Eiweiß und 4 Prozent Fett, was gute 200 Kilogramm Butter ergibt, die den Schwarzwälder Schinken auf dem Schwarzwälder Brot hält.

Nach dem modernen Idealbild ist der Erfolgreiche gesund, sportlich, leistungsbereit, flexibel, ökonomisch ausbalanciert und ökologisch angepasst. Nach diesen Kriterien sind die Vorderwälder zu den Erfolgreichen zu zählen. Man muss nicht um sie fürchten. Sie werden auch künftig den Schwarzwald prägen, so wie die jungen Mädchen mit den roten Bommeln am Hut.

Angler

SCHLESWIGER SUPERSAHNE

DER OSTEN IST ROT", skandierten damals die wilden 68er und jubiliert noch heute die Pekingoper. In der Rinderwelt ist die Windrose anders koloriert. Hier gilt: „Der Norden ist rot", repräsentiert durch die Röde Dansk Malkerace, die unter dem Kürzel RDM weltweit für Elitemilchvieh steht, und ganz besonders durch deren Nordschleswiger Verwandte, die einheitlich rot gefärbten Angler.

Noch zu Kaisers Zeiten bevölkerte eine Fülle von Rotviehrassen und -schlägen die deutschen Lande. Die meisten davon sind inzwischen von der Viehpalette verschwunden, in anderen Rassen aufgegangen oder sie verdingen sich heute in Nischenwirtschaften als Exoten, wie etwa das Harzer, Vogtländer oder Vogelsberger Rotvieh. Rühmliche Ausnahme bilden die Angler, die als einzige den Sprung in die Moderne schafften.

In der Region Angeln, von Flensburger Förde und Schlei begrenzt, grasten schon vor 6 000 Jahren vermutlich rote Hausrinder, wie Archäo-

und Paläontologen nachwiesen. Für deren prähistorische Züchter und Nutz-
nießer, die Angeln, so weiß der römische Germanienkundler Tacitus zu
berichten, konnte nur eine Gottheit kompetent zuständig sein, die wie sie
auch die Anglerkühe schätzte. Sie verehrten die Göttin Nerthus, die vier
Kühe von ihnen für sich erkor den Wagen zu ziehen, mit dem sie zu ihren
Anbetern über Land fuhr.

Als um 600 n.Chr. die Angeln mit den Sachsen als Angelsachsen auf die
große Insel in der Nordsee übersiedelten, die seitdem England = Angelnland
heißt, durften selbstverständlich ihre Kühe nicht fehlen. Sie im Ruderboot
mitzunehmen war nicht so schwierig, denn sie waren damals nur knapp 1,10
Meter groß und wogen gerade einmal vier Zentner. Tausend Jahre später,
1740, sind 900 Liter Milch für die Angler verbürgt. Dann erreichte die wis-
senschaftliche Tierzucht den Norden und fiel bei den Bauern in Angeln auf
fruchtbaren Boden. Zielstrebig und beständig entwickelten sie ihre rote Kuh
zu einer Milchquelle erster Güte. 1823 hatte sich deren Durchschnittsmilcher-
trag auf 1 500 Kilogramm verdoppelt. 1900 lag er bereits bei 2 800
Kilogramm. Dies wohlgemerkt unter den damals kargen Futterbedingungen.
1940 sprudelten schon im Mittel 4 000 Kilogramm aus den Eutern und
heute sind alljährlich 6 500 Liter amtlich festgestellter Schnitt. Dieser wird
regelmäßig von exorbitanten, roten Milchgigantinnen nach oben gezogen.
Die erste 10 000-Liter-Kuh in Angeln war „Schönmädchen", die bereits

anno 1928 im gesetzten Alter von acht Jahren diese Melkerschallmauer durchbrach. Aber nicht allein die flüssige Menge macht's, auf die soliden Inhaltsstoffe kommt es an. Mit über fünf sahnigen Fettprozenten und mehr als 3,6 Prozent verkäsbaren Proteinen machen die Angler aus ihrer Milch das weiße Gold des Nordens.

Solche Leistungen bestätigten die Bauern in, um und um Süderbarup herum, dem Sitz des Angler Zuchtverbandes, auf ihrem eigenwilligen Weg. Den gingen und gehen diese ausgefuchsten Tierzüchter unabhängig vom Zeitgeist und oft im Gegensatz zu Modeströmungen seit eh und je nicht nur beim Milchvieh. Während international unifarbene, rosarote Schweine für Wurst, Schinken und Schnitzel bevorzugt wurden, pflegten sie ihre schwarzbunten Sattelschweine. Als sich schwarzbunt gescheckte Rinder in den Milchviehställen dieser Welt breit machten, verfeinerten sie die Eigenschaften ihres einfarbigen Rotviehs. Dabei wurde auch auf Details geachtet. So tragen die Anglerkühe auf ihren Eutern einen dichten Haarpelz, der durch die Fuchsfarbe besonders auffällig ist. Dieser Naturpullover ist nicht nur praktisch, sondern auch nötig, um die ergiebige Milchdrüse selbst bei böigem Seewind warm zu halten. Der pfeift regelmäßig nasskalt über die Weiden und wird nur unvollständig gemildert durch die schleswig-holstein-typischen Knicks, die Wiesen begrenzenden Buschhecken.

Qualitätsvieh ist stets ein begehrtes Handelsobjekt. Zwischen 1830 und 1913 verließen grob geschätzt 220 000 rote Hornviecher das Angler Land und zogen (wurden gezogen?) in aller Herren Länder. Heute weiden auf allen fünf Kontinenten Kühe, die ihre Wurzeln zwischen Förde und Schlei haben. Besonders starke Genkontingente gingen, lebend oder als Tiefgefriersperma, nach dem Zweiten Weltkrieg in die ehemalige Sowjetunion. Rote Steppenrinder in Russland und das rote Milchvieh in Estland, Litauen und Lettland wurden mit den Schleswiger Sahnespenderinnen geliftet. Diese Importe setzten sich so erfolgreich durch, dass man auf den Weiden der Kolchosen und Sowchosen zunehmend rot sah. Damit haben die Angler dafür gesorgt, dass nun auch die Boophilen davon überzeugt sind: „Der Osten ist rot."

Braunvieh

DIE KÄSEKUH

WER IM SOMMER KAPPES KLAUT, hat im Winter Sauerkraut!" Diese Weisheit bringt das Hauptproblem der Menschen in unseren Breiten auf den Punkt. Überleben konnte und kann bei uns nur, wer in den Jahreszeiten des Überflusses etwas für schlechte Zeiten aufzubewahren weiß. Um Nahrungsmittel, einerlei ob pflanzlicher oder tierischer Herkunft, für längere Zeit vor dem stets drohenden Verderb zu schützen, haben sich vor der Erfindung der Tiefkühltruhe und des Weckglases drei Verfahren besonders bewährt: das Trocknen, das Salzen und das Fermentieren. Getreidekörner und Nüsse winterhart einzukellern war nie ein Problem, denn sie enthalten an sich schon wenig Wasser. Bei etwas feuchterem Obst, Gemüse, Fleisch und Fisch hat der Zwang zum Haltbarmachen einige lukullische Spezialitäten entstehen lassen, wie bei uns das Sauerkraut, die luftgetrocknete Mettwurst, den Rollmops und die Backpflaumen. Durch die geschickte Kombination aller drei Verfahren ist es sogar möglich das Gute der flüssigen Milch zu konservieren. Das ist Käse. In Deutschland sind besonders viele Käsereien südwestlich von München ansässig mit einer Massierung im Allgäu. Dieses ist nicht von ungefähr so, denn dort wird eine Rinderrasse gepflegt, deren Milch käsefreundlich, sehr reich an gutem Fett und Eiweiß ist, das Braunvieh.

Die einheitlich graubraun getönten Kühe mit dem hellen Aalstrich und den Aufhellungen an Bauch und Schenkelinnenseiten sind durch den weißen Ring ums Flotzmaul herum, ihr Rehmaul, unverwechselbar. Sie sehen so aus, als hätten sie etwas zu tief in den eigenen Melkeimer geschaut. Braunvieh grast nicht nur in den deutschen Alpenregionen, sondern auch in denen Frankreichs, Italiens, Österreichs und der Schweiz. Dort, im Kanton Schwyz, wo die Wurzeln der Rasse verankert sind, begründeten sie den Weltruf des Käses mit den großen Löchern. In die USA exportiert entwickelten sich die braunen Exilschweizerinnen als „Brown Swiss" zu wahren Milchgigantinnen. Mit Jahresleistungen von zehn und mehr Tonnen Milch erfreuten sie die amerikanischen Farmer. Da sie sich die kostbaren Inhaltsstoffe, wie annähernd vier Prozent Eiweiß und über 4,5 Prozent Fett aus den alten Käseländern erhalten haben, können heute die Brown Swiss als einzige Rasse weltweit den schwarzbunten Holstein Friesian auf dem Milchmarkt Paroli bieten.

Seit Beginn der siebziger Jahre veredeln Reimporte das braune Vieh der europäischen Alpenländer so nachhaltig, dass das klassische Braunvieh inzwischen zur Rarität geworden ist. So eine Klassikerin war die im Februar 1961 geborene Kuh „Zenta" (Zuchtbuchnummer 25501). Im März 1963 gebar sie ihr erstes und im Januar 1980 ihr neunzehntes Kalb. Für biologistische Zweifler sei nur erwähnt, dass sie ihren Bauern zweimal mit Zwillingen beglückte. Zwischenzeitlich gab sie immer kräftig Milch, die sich zu einer Lebensleistung von 124 534 Kilogramm summierte. Während ihres langen Lebens gab sie alljährlich den Stoff für gut eine Tonne Käse. Sie repräsentierte par excellence die Vorzüge des Braunviehs: Leistungsfähigkeit, Gesundheit, Fruchtbarkeit und Langlebigkeit. Die letzte Eigenschaft erlaubt es dem Züchter, seinen Kühen häufiger einmal den Seitensprung mit einem Fleischbullen zu gestatten. Besonders die Kreuzungen mit den französischen Blonden aus Aquitanien sind für Bullenmäster gefragte, hochbezahlte Hausgenossen.

Globalisierung, der letzte Schrei der Betriebs-, Volks- und Marktwirtschaft, ist für das Braunvieh ein alter Hut. Rund um den Globus sichert es die Versorgung mit Käsesemmeln. In den Alpen haben die manchmal silbrig schimmernden oder gülden glänzenden Braunen gelernt, Wind und Wetter zu trotzen. Sie gedeihen unter allen Klimaten, sei es unter der senkrechten Sonne Afrikas, in den sauerstoffarmen Höhen der Anden oder auf den vom

Blizzard bedrohten Hängen Kanadas. Nur die Chinesen können den besonderen Qualitäten des Braunviehs nichts abgewinnen. Sie glauben den Warnungen ihrer Nasen, wenn sie die Verpackung eines Romadours, Limburgers oder Appenzellers öffnen. Käse ist und bleibt für sie verfaulte Milch, wobei ihnen die Erfahrung Recht gibt. Gut zwei Drittel aller Chinesen reagiert auf den Verzehr von Tilsiter, Edamer oder Emmentaler mit schrecklichen Bauchschmerzen. Verantwortlich für diese fast regelmäßigen Indigestionen der sonst beim Essen wenig zimperlichen Asiaten sind nicht die das Aroma gebenden Fettsäuren des Käses, sondern sein Milchzuckergehalt. Den meisten erwachsenen Chinesen fehlt, vermutlich genetisch bedingt, die Fähigkeit, diese Lactose zu spalten und zu verdauen. Der resultierende Durchmarsch vergällt jeden weiteren Appetit auf Käsehäppchen und behindert die Entwicklung eines florierenden Meiereiwesens im Land der aufgehenden Sonne.

Gottseidank ist diese Besonderheit des Stoffwechsels diesseits der chinesischen Mauer relativ selten. Wir können uns weiter an dem immer reichhaltiger werdenden Angebot der Käsetheken delektieren. Der Verbrauch an Milchprodukten erreicht alljährlich neue Höhen und beschert den Molkereien erfreuliche Betriebsergebnisse. Damit ist auch die weitere Zukunft des Braunviehs gesichert, das als erfolgreiche Käsekuh keine Konkurrenz zu fürchten braucht.

Die Kuh - Das Kalb - Der Bulle

WAS MAN WEISS, WAS MAN WISSEN SOLLTE

LANDWIRTE sind inzwischen in Deutschland zur vom Aussterben bedrohten Spezies geworden. Damit wird die Zahl derer immer geringer, die von Kindesbeinen an mit dem Rindvieh vertraut sind, die dessen Äußeres, dessen Bedürfnisse und dessen Verhalten in- und auswendig kennen. Die „Rinderporträts" sind aber nicht nur für diesen kleinen Kreis von Fach- und Sachverständigen geschrieben worden, sondern für jeden Milchtrinker, Sahneschlemmer, Käseesser und Rouladenliebhaber auf dem Land wie in der Stadt. Für die überwältigende Mehrheit dieser Mitbürger ist das Rind im Allgemeinen ein unbekanntes Wesen. Bei der klassischen Quizfrage, ob die Kuh zuerst mit den Vorder- oder mit den Hinterbeinen aufsteht, müssen sie passen. Diese Bildungslücke gilt es zu füllen.

In der Systematik der Biologen zählt das Rind zu den auf den mittleren Zehenspitzen gehenden Paarhufern. Jedes Bein endet in zwei Klauen, die in zwei Hornschuhen stecken. Was unten davon abgenutzt wird, wächst von oben, vom Kronsaum her nach. Die kleinen nach hinten weisenden After-klauen sind die Reste der äußeren Zehen oder Finger.

Im entwicklungsgeschichtlichen Konkurrenzkampf der Arten waren die Boviden, die Rinderartigen, erfolgreich – nicht zuletzt dank ihrer Fähigkeit, Zellulose zu verdauen, den Gerüstbaustoff der Pflanzen. Wir Menschen können das nicht, wie die Erbsen-, Mais- oder Bohnenschalen in unserem Morgenstuhl zeigen. Die Rinder müssen die Zellulose aber auch erst vorbehandeln, bevor sie die darin enthaltene Energie nutzen können. Zu diesem Zweck haben sie einen mehrhöhligen Magen, der aus vier Abteilungen besteht. Ihn füllen die Rindviecher auf der Weide vom Morgengrauen bis zur Dämmerung in vier bis fünf je einstündigen Fressperioden, die über den Tag verteilt werden.

Ihre Hauptnahrung, das Gras, einfach abbeißen können sie nicht. Wie Schaf, Ziege und Hirsch haben die Kühe im Oberkiefer keine Schneidezähne. Mit der rauen, beweglichen Zunge umfassen sie die Grasbüschel, ziehen sie über die scharfen Schneiden der Unterkieferzähne, klemmen sie zwischen die Lippen, rupfen kurz und schlucken sie ohne weiteres Kauen ab. Im Inneren der Kuh gelangt das Futter über die Speiseröhre in den Netz- oder Schleudermagen, Haube genannt, der sich sehr stark zusammenziehen kann. Die Haube ist für die Verteilung der Massen in die eine wie in die andere Richtung zuständig. Der sich anschließende Pansen ist die größte Vorma-genabteilung. Es ist eine Gärkammer, in der Bakterien die chemisch nur schwer zu knackenden Pflanzenmoleküle angreifen. Ihre Arbeit wird unter-stützt durch rhythmische Kontraktionen der Pansenwände, wodurch die 200

und mehr Liter Futterbrei im Minutentakt gründlich durchmischt werden. Physikalisch weiter zerkleinert wird das Futter durch das Wiederkäuen, ein mehr als praktisches Verhalten. Beim Grasen muss man ständig auf den Beinen sein, was bekanntermaßen anstrengend ist. Also wird in möglichst kurzer Zeit ohne viel Federlesen so viel Material wie erreichbar hineinbefördert. Für den eigentlichen Genuss und das Mampfen können sich die Wiederkäuer gemütlich und in Ruhe niederlassen. Angedautes Futter aus dem Pansen wird in der Haube zu maulgerechten Happen geformt, hochgeschluckt – würgen wäre falsch ausgedrückt – und mit 40 bis 60 kreiselnden Kauschlägen zermanscht und wieder abgeschluckt. Mit dieser stoischen Tätigkeit verbringt unser Hornvieh vier bis neun Stunden täglich. Geduldige Forscher haben gezählt, dass dabei bis zu 800 durchzuwalkende Happen geschafft werden. Das beim spaltenden Wirken der Pansenmikroben anfallende Gas wird alle Minute abgerülpst. Die abgebauten Kohlehydrate und die von den Bakterien aufgebauten Eiweiße bilden mit dem gesamten Futterbrei eine Suppe, die über die dritte Vormagenabteilung, den Psalter, den Blätter- oder Buchmagen, eingedickt wird. Das meiste Wasser wird abgepresst und fließt zurück in den Pansen. Nach der Blättermagenpassage ist die für Wiederkäuer spezielle Vorverdauung beendet. Das aufgeschlossene Futter gleitet in den Labmagen, die vierte Abteilung, der im Prinzip unserem Magen und dem aller anderen Säugetiere entspricht.

Eine Milchkuh kann täglich um die 20 Kilogramm Trockenmasse verzehren, was bei einem Wassergehalt von bis zu 90 Prozent je nach Futtermittel ein paar Schubkarren voll Frischfutter Tag für Tag bedeutet. Diese Mengen werden mit 60 bis 80 Liter Wasser pro Tag aufgeschwemmt. Der Bauer als Futtermeister muss Acht geben, dass die Ration wohl ausgewogen und den Leistungsanforderungen des Tieres angemessen ist. Das Verhältnis von Eiweiß zu Kohlehydraten, die Stärkeeinheiten genannt werden, muss stimmen und etwa 20 Prozent Rohfaser in der Ration sind für die Wiederkäuer Pflicht. Das Ganze wird passend gewürzt mit Mineralien wie Calcium, Phosphor und Magnesium. Einen kuhgerechten Speiseplan zu erstellen ist Wissenschaft und Kunst zugleich.

Für den Eigenbedarf verwenden die Kühe nur einen geringen Teil der Nahrung. Das Meiste setzen sie in Milch um. Bevor die Milchquelle zu sprudeln beginnt, muss die Kuh jedoch erst einmal ein Kalb bekommen. Geschlechtsreif werden die Rinder im Alter von etwa sieben Monaten. Dann reift auf ihren Eierstöcken erstmalig eine Eizelle heran. Das Jungtier kommt in die Brunst, äußerlich zu erkennen an einer Rötung der Scheide und klarem Schleimausfluss. Sie werden unruhig und schreien nach Liebe mit ausdauerndem, durchdringendem Muhen. Auch ein tauber Bauer kann die

Brunst schon von Weitem erkennen. Die paarungsbereiten Jungmädchen bespringen in Bullenmanier ihre Herdengenossinnen und lassen sich von diesen bespringen. Das ganze Theater dauert 24 bis 36 Stunden und wiederholt sich alle 21 Tage. Geschlechtsreife heißt noch nicht Zuchtreife. Die erreichen die Damen frühesten mit 15 bis 18 Monaten. Dann werden sie Färsen genannt. Sie sind noch nicht ausgewachsen, aber doch so weit entwickelt, dass sie zur Paarung zugelassen werden können.

Deren Besorgung war über Jahrhunderte das Privileg des Deckbullen. In Fleischrinderherden wird es diesem alljährlich für zwei bis drei Monate gestattet, mit den Mutterkühen die Weide zu teilen. Alltäglich kontrolliert er unter Einsatz all seiner Sinnesorgane den Zykluszustand der ihm anvertrauten Haremsdamen. Diese haben die Brunst schon 48 Stunden vor deren Beginn im Urin in Form von hormonabhängigen Geruchsstoffen. Hat der Stier diese in der Nase, lässt er die Angebetete(n) nicht mehr aus den Augen und testet regelmäßig deren Stehvermögen durch Kopfauflegen. Der Paarungsakt selbst ist eine flotte Angelegenheit. Dem Bullen kommt es dabei zustatten, dass er zur Erektion nicht einen komplizierten und bekanntermaßen störanfälligen Schwellkörpermechanismus wie etwa Mensch oder Pferd benötigt. Sein Glied ist eine etwa 1,50 Meter lange derbelastische Rute, die außerhalb der sexuellen Aktivität zu einem Bogen aufgeworfen zurückgezogen ruht. Der Penis leistet, auch noch nach dem Ableben seines Trägers, gestreckt und getrocknet als Ochsenziemer gute Dienste. Bei Erregung verstreicht die Warteschleife und die daumenstarke Penisspitze schnellt aus der Vorhautöffnung. Der Stier erhebt sich hinter der bocksteif stehenden Auserwählten auf die Hinterhaxen, umklammert deren Rücken mit den Vorderbeinen, zuckt einige Male suchend mit der Penisspitze, dringt mit ihr in die Scheide ein und samt zügig ab mit einem kräftig hüpfenden Nachstoß. Dieser sogenannte Natursprung dauert insgesamt nur wenige Sekunden.

Mit Erfindung der künstlichen Besamung wird dieses furiose Liebesspiel immer seltener. Zunehmend und sehr viel nüchterner besorgen die Begattung heutzutage Tierärzte und Besamungstechniker. Die Bullen müssen nur noch das Sperma liefern. Auf den Besamungsstationen wirkt es Arbeitszeit verkürzend, dass die männlichen Tiere durch einen sehr einfachen Schlüsselreiz sexuell erregt werden können. Es reicht die Ansicht eines Rindes von hinten, was einem Torbogen ähnelt oder ähneln soll. Die im Erbwert geprüften Stiere führt man an ein solches Torbogenphantom heran, es kann auch ein Stallgenosse oder auch einmal eine richtige Kuh sein, und lässt ihn aufspringen. Seine Penisspitze wird abgelenkt und gleitet in eine künstliche, wohltemperierte Scheide. Sobald der Bulle einen Druckwiderstand spürt, setzt er zum Nachstoß an und ejakuliert. Das kostbare Erbgut landet in

einem Glasgefäß am Ende der künstlichen Scheide. Verlängert mit raffiniert zusammengestellter Verdünnungsflüssigkeit können so aus einem Ejakulat mehr als 100 Einzelportionen gewonnen werden, die, auf dünne Plastikröhrchen gezogen und in flüssigem Stickstoff tiefgefroren, wahrscheinlich Jahrhunderte überdauern können.

Ist ein Rind trächtig geworden, einerlei ob durch einen traditionellen Natursprung oder mit aufgetautem Sperma durch die geschickte Hand des Besamers, sieht es nach einer Tragezeit von neun Monaten der Geburt entgegen. Ein Vierteljahr vor dem Abkalbetermin beginnt die Milchdrüse zu wachsen, bis sie, kurz vor der Geburt, durch Wassereinlagerung in die Unterhaut prall und stramm ist. Wenn dann noch die Scheide weich und elastisch anschwillt und die breiten Beckenbänder sich verlängernd einfallen, sichtbar an den Kuhlen links und rechts des Schwanzansatzes, ist es so weit. Das Kalb möchte ans Licht der Welt. Der Geburtskanal wird von innen her durch die vordrängende, mit Fruchtwasser gefüllte Eihautblase geweitet. Kaum ist sie in der Scheidenöffnung zu sehen, platzt sie meist schon. Dann ist das Kalb nur noch von der schleimgefüllten Fußblase umhüllt. Ihr Bersten macht den Weg schlüpfrig, auf dem das Rinderkind Vorderfüße und Kopf voran durch die Presswehen ins unabhängige Leben geschoben und gezogen wird. Die Geburt kann durchaus mal ein paar Stunden dauern und für die Kuh ist es normal, eine Pause einzulegen und den einen oder anderen Bissen zu verzehren.

Gerade noch mit Mutter über die Nabelschnur verbunden schüttelt das Neugeborene den nassen Kopf, zwinkert mit den Augen und versucht nach wenigen Minuten sich auf die noch wackeligen Beine zu erheben. Unterstützt wird es von der Mama, die mit freundlichen Brummlauten Kontakt aufnimmt und mit der rauen Zunge das Fell intensiv trockenleckt. Erstes Ziel des Kalbes ist das Euter, denn dieses beinhaltet direkt nach der Geburt einen besonderen Saft, die Biestmilch, fachmännisch Kolostrum genannt. Sie ist dank der hohen Konzentration von Antikörpern sehr viel gelber und dickflüssiger, als die von uns gewohnte Milch. Über sie erhält das Kalb die nötigen Abwehrstoffe für die ersten sechs bis acht Lebenswochen, bis es eine eigene Immunität gegen alle nur denkbaren Stall- und Umweltkeime entwickelt hat. Obwohl die Vormägen des Kalbes noch nicht auf die Verarbeitung von vegetarischer Kost in rauen Mengen eingerichtet sind, beginnen sie mit einer Woche an den Grashalmen zu knabbern. Die meiste Energie schöpfen sie aber in den ersten zehn Lebenswochen aus der mütterlichen Milchquelle, die sie etwa zehn- bis zwölfmal täglich aufsuchen und aus der sie täglich rund ein Dutzend Liter Superkraftstoff saugen. Im Verlaufe des ersten Lebenshalbjahres wird die Pflanzennahrung immer bedeutsamer und die Muttermilch wird zum Dessert, das man aber gerne bis zu zehn Monate lang genießt.

Während der Weidesaison wird der züchterisch engagierte Fleischrinderhalter zum Weight Watcher. Alle hundert Tage kontrolliert er das Gewicht des Nachwuchses. Nur die Jungen und Mädchen mit den höchsten Zunahmen werden für die Reservebank der Mutterkuhherde oder für den Deckbullenstall erkoren. Diese müssen sich im Schnitt deutlich mehr als ein Kilo täglich angefressen haben. Die ausselektierten Jungrinder und besonders die für zu leicht befundenen Jungbullen werden zu Fleischlieferanten. Einige wenige werden direkt nach dem Absetzen von der Mutter im Alter von 300 Tagen dem Metzger überstellt, der sie zu dem begehrten Baby-

beef verarbeitet. Die meisten Stiere werden im Stall mit gehaltvoller Gras- und Maissilage auf etwa das doppelte Gewicht gebracht. Sie erreichen die Schlachtreife mit etwa eineinhalb Jahren. Eine Mast darüber hinaus ist unrentabel. Die Bullen sind dann so gut wie ausgewachsen, fressen eine Unmenge und teilen die Erfahrung von uns Menschen. Was man durch Füttern an Masse zulegt sind Fettpolster und nicht, wie angestrebt, knackige Muskelpakete.

Soll die Endmast nicht im Stall, sondern weniger arbeitsintensiv auf der Weide stattfinden, wird ein Großteil der Jungstiere zu Jungochsen transformiert. Die Kastration der Bullen ist unkompliziert und vor allem unblutig. Zwei gekonnte Kniffe mit der Spezialzange nach Burdizzo am zwischen den Hinterbeinen baumelnden Beutel und nach kurzer Zeit verschwinden die männlichen Hormonwirkungen. Die familienplanerische Verhinderung reichen Kindersegens ist nur ein Nebeneffekt. Das ungestüme, wilde, oft aggressive männliche Verhalten weicht einem ausgeglichenen, oft sturen Temperament, was der Mensch-Tier-Beziehung sehr viel zuträglicher ist. Die Eunuchen entwickeln auch nicht den bulligen Körperbau mit dem breiten klotzigen Kopf und den dicken, kurzen gerade wachsenden Hörnern. Ihnen fehlt der Stiernacken, die maskulinen Schultergebirge und die ausladend muskelbehoste Hinterhand. Im Aussehen nähern sie sich ihren weiblichen Artgenossen. Allerdings erreicht ihr Habitus nicht die Feingliedrigkeit und die Ausgewogenheit der Kühe und Rinder mit den edleren Köpfen und den freundlich warmen Augen. Da kein Geschlechtshormon die Wachstumsfugen an den Röhrenknochen zum Schließen auffordert, ist langbeiniger Riesenwuchs bei Ochsen typisch. Dieser Gigantismus, gekoppelt mit dem stumpf trägen Temperament, macht die Ochsen zu idealen Zugtieren. Dieses besondere Talent ist bei uns zwischenzeitlich vom Traktor untergepflügt worden. Es kann vielleicht noch einmal im Heimatmuseum oder beim historischen Umzug bestaunt werden. Zeitlos interessant ist die spezielle Zartheit des langsam gewachsenen Ochsenbratens. Ein Ochse braucht gut und gerne drei Jahre, bis er im Schlachthaus willkommen ist.

In Sachen Fleisch steht das Rindvieh in einem harten Konkurrenzkampf um Marktanteile mit dem Schwein, dem Geflügel, den Schafen und den Fischen. Fast eine Monopolstellung haben sie aber auf dem Milchmarkt. Schaf, Ziege und Stute sind auf diesem Terrain nur verschwindende Minderheiten. Während in Mutterkuhherden das gesamte Euterpotential dem Kalb zusteht, wird in Milchviehbetrieben das Kalb recht bald von der Mutter getrennt, denn schließlich sollen die Kühe ihre wertvolle Milch für den menschlichen Verzehr bereit stellen. Aber es wird auch dort streng darauf geachtet, dass die Kleinen die ihnen zustehende Ration an Biestmilch in den ersten Stunden und Tagen erhalten. Etwa ab dem fünften Lebenstag, wenn die Milch inzwischen weiß in die Kannen schäumt, wird für den Nachwuchs lediglich noch ein ganz kleiner Teil abgezweigt. Er wird ihnen zwei- bis dreimal täglich fernab der Mutter im Eimer kredenzt, wenn sie nicht schon auf ein Milchpulvermixgetränk umgestellt sind.

Die Frau Mama wird jetzt in den normalen Produktionsprozess eingegliedert. Morgens und abends stellt sie sich mit prall gefülltem Euter an, um gemolken zu werden. Die Zitzen werden vom Schmutz des Tages oder der Nacht gereinigt und mit geschickten Händen rüstet der Melker das Euter an. Die ersten Milchstrahlen, hygienisch nicht einwandfrei zum menschlichen Verzehr, werden in einen besonderen Topf gemolken und meist Beute der Katzen. Wenn nach einigen Sekunden die Milch einschießt und sich alle Schleusen öffnen, wird das Melkgeschirr angehängt. Mit pulsierendem Druck und Unterdruck wird in wenigen Minuten aus einer strammen Milchdrüse ein schlaffes, leeres Gehänge, das sich schon nach einem halben Tag wieder gefüllt hat. Die Milch wird gefiltert und im Kühlbehälter für ein bis zwei Tage gelagert, bis der Tankwagen der Molkerei sie abholt.

Etwa alle drei Wochen wird die Milchleistung der Zuchtkühe von einem unabhängigen Kontrolleur protokolliert. Menge und Zusammensetzung werden exakt registriert, um die Schaffenskraft jeder einzelnen Kuh zu ermitteln. Alljährlich werden die Ergebnisse veröffentlicht mit immer neuen Spitzenleistungen. Das Maß aller Dinge ist aber nicht das Kalenderjahr, sondern die Laktationperiode, die Zeit, in der die Kuh effektiv Milch gibt, mit präzise 305 Tagen. Diese Periodenlänge ist nicht willkürlich, sondern hat biologische Gründe. Acht bis zehn Wochen nach dem Abkalben, einige etwas eher, andere etwas später, ist die Kuh wieder bereit, erneut trächtig zu werden. Sieben bis acht Monate später, wenn die Geburt des nächsten Kalbes vor der Tür steht, ist es an der Zeit, die Kuh trockenzustellen. Sie wird dann nicht mehr gemolken, Kuh und Euter haben Zeit, sich zu regenerieren und auf die nächste Saison vorzubereiten. So ergeben sich etwa zehn Monate produktive Melkzeit, die besagten 305 Tage. In dieser Laktationsperiode gibt eine Kuh je nach Rasse und Typ bis zu 5 000, 10 000 oder gar 15 000 Kilogramm Milch.

Jemand, der sich zweimal täglich dem Vieh als Milchräuber nähert, sollte sehr genau die Waffen einer Kuh kennen. Wichtig ist zu wissen: Eine Kuh beißt nicht! Wenn Pferd, Schwein oder Hund sich uns mit ihren hochgerüsteten Mäulern nähern und die Zähne blitzen lassen, bedeutet dieses Angriff und Gefahr. Tritt uns ein Rind in gleicher Haltung entgegen, so ist es ein Zeichen von Neugierde. Mit vorgestrecktem Kopf kann es zugleich mit Augen, Nase und Ohren sein Gegenüber erforschen. Zeigt es uns jedoch die

Stirn, den Sitz seiner Hornwaffen, ist Vorsicht geboten. Die Hörner taugen nicht nur für den Frontalangriff. Sie eignen sich auch vorzüglich für schwungvolle Seitenhiebe. Außerhalb der Hornreichweite ist man beileibe nicht in Sicherheit. Mit den Hinterbeinen kann die Kuh nicht nur nach hinten auskeilen, auch zur Seite und nach vorne hat sie damit einen hammerharten Schlag. Eine multifunktionale Waffe ist der Kuhschwanz mit der buschigen Quaste. Nicht nur Fliegen und Bremsen fürchten sie, auch für den Menschen kann ein Treffer wie ein Peitschenhieb wirken. Nur erwähnt sei eine soziale Verteidigungsstrategie der Rinder, die sehr schmerzhaft sein kann: Nebeneinander stehende Kühe schließen bei vermeintlicher Bedrohung die Reihen enger und nehmen dabei auf ein Menschlein, das zwischen sie geraten ist, nur wenig Rücksicht.

Der aufmerksame Leser wird zukünftig in diese Gefahr nicht mehr geraten, denn er weiß jetzt einiges über unser so nützliches Mitgeschöpf. Wenn er jetzt noch die fesselnde Frage zum Aufstehverhalten der Kuh durch eigene Feld- und Wiesenforschung klärt, darf er sich als Kuhverständiger fühlen.

Register der Rassen

Kuhbücher

L'Arthus-Bertrand, Raveneau, 1994 *Viechereien* Verlag Müller Rüschlikon, Cham, Schweiz

Balasini, D. 1990 *Zootecnica speciale, principiale razze di animali domestici etc.* Editioni Agricole, Bologna, Italien

Dowling, Alderson, Caras, 1994 *Rasse statt Masse* Verlag Gerstenberg, Hildesheim

Felius, M. 1995 *Rundvee, Rassen van de Wereld* Misset Uitgeverij, Doetinchem, Niederlande

Fokkinga, A. 1985 *Koeboek* Verlag Educaboek, Culemborg, Niederlande

Frahm, K. 1982 *Rinderrassen in den Ländern der Europäischen Gemeinschaft* Verlag Ferdinand Enke, Stuttgart

Friend, J.; Bishop, 1978 *Cattle of the world in colour* Blandford Press, London, Großbritannien

Garner, 1946 *The cattle of Britain* Longmans, Green and Co., London, Großbritannien

Hallander, H. 1990 *Svenska Lantraser* Bökförlaget Bla Ankan AB, Veberöd, Schweden

Hammond, Johansson, Haring. 1961 *Handbuch der Tierzüchtung, 3. Bd.: Rassenkunde, 1. Halbband* Verlag Paul Parey, Hamburg, Berlin

Hofmann. H. 1984 *Die Tiere auf dem Schweizer Bauernhof* AT Verlag, Aarau, Schweiz

Kräusslich, H. 1981 *Rinderzucht* Verlag Eugen Ulmer, Stuttgart

Legel, S. 1989 *Nutztiere der Tropen und Subtropen, Band 1.: Rinder* S.Hirzel Verlag, Leipzig

N.N. 1988 *De gamle danske husdyrracer* Landbrugsministeriet, Kopenhagen, Dänemark

N.N. 1992 *Razas Bovinas Autoctonas de Galicia* Xunta de Galicia, Santiago de Compostela, Spanien

N.N. 1980 *British Cattle* The National Cattle Breeders Ass., Cholesbury, Großbritannien

N.N. 1989 *Bulletin de L'Elevage Francais* Sopexa, Paris, Frankreich

Payne, Hodges. 1997 *Tropical cattle, Origins, breeds, breeding policies* Blackwell Sance, Oxford, Großbritannien

Porter, V. 1991 *Cattle, A handbook to the breeds of the world* Christopher Helm, London, Großbritannien

Purdy, 1987 *Breeds of cattle* Chanticleer Press, New York, USA

Raveneau, A. 1993 *Inventaire des animaux domestiques en France* Editions Nathan, Paris, Frankreich

Rodrigues, 1981 *Bovinos em Portugal* Direcao Geral dos servicios veterinarios, Lissabon, Portugal

Rouse, J.E. 1972 *World Cattle* University of Oklahoma Press, Oklahoma, USA

Sambraus, H.H. 1994 *Atlas der Nutztierrassen* Verlag Eugen Ulmer, Stuttgart

Sambraus, H.H. 1994 *Gefährdete Nutztierrassen* Verlag Eugen Ulmer, Stuttgart

Sanchez Belda. 1984 *Razas Bovinas Espanolas* Publicaciones de Ministerio de Agricultura, Pesca y Alimentacion, Madrid, Spanien

Schwark, H.J. 1983 *Rinderzucht* VEB Deutscher Landwirtschaftsverlag, Berlin

Singh, H. 1980 *Domestic animals* National Book Trust, India, Neu-Delhi, Indien

Whitlock, R. 1980 *Rare Breeds* Prism Press, Chalmington, Dorchester, Dorset, Großbritannien